移动社交网络位置隐私保护研究

谈 嵘◎著

西北大学出版社

·西安·

图书在版编目（CIP）数据

移动社交网络位置隐私保护研究 / 谈嵘著. —— 西安：西北大学出版社，2024.9. —— ISBN 978-7-5604-5482-5

Ⅰ. D923.04

中国国家版本馆CIP数据核字第2024YR5398号

移动社交网络位置隐私保护研究
YIDONG SHEJIAO WANGLUO WEIZHI YINSI BAOHU YANJIU

作　　者	谈　嵘
出版发行	西北大学出版社有限责任公司
地　　址	西安市碑林区太白北路229号
邮　　编	710069
电　　话	029-88302825
经　　销	全国新华书店
印　　刷	西安日报社印务中心
开　　本	787毫米×1092毫米　1/16
印　　张	8.75
字　　数	145千字
版　　次	2024年9月第1版　2024年9月第1次印刷
书　　号	ISBN 978-7-5604-5482-5
定　　价	30.00元

本版图书如有印装质量问题，请拨打电话029-88302966予以调换

序

　　随着智能便携设备的普及、无线定位技术的进步以及移动互联网的发展,一种全新的社交网络服务形式——基于位置的移动社交网络服务应运而生,并且在短时间内迅速地成长。推特和新浪微博等软件在国内外取得的成功足以彰显出这种新兴的社交网络服务所蕴藏的巨大市场价值。在其发展过程中,也面临着诸多挑战,其中关于位置隐私保护问题的争论作为基于位置的移动社交网络服务的核心问题之一,更是得到了国内外研究学者的广泛关注。

　　过去数年来,有不少与之相关的研究工作相继出现,有些重点讨论了基于位置的移动社交网络服务的隐私策略机制,有些则提出采用基于位置服务中的位置隐私模型对位置信息进行保护。虽然他们都已经认识到了位置隐私保护的重要性,但是,一方面隐私策略必须由用户主动进行设定,这样会增加用户的使用负担,并且可能由于用户疏于调整而使得这些策略失去其该有的作用;另一方面,无论是从位置信息使用方式的角度出发,还是从保护位置信息的角度来看,基于位置的移动社交网络服务作为基于位置服务的一个特殊子类,它对位置信息保护的需求是不同的,因此很难通过现有的基于位置服务的位置隐私模型对其进行有针对性的保护。

　　其实,对于基于位置的社交网络服务而言,位置隐私保护问题的本质是如何既能保证用户隐私信息的安全,又能使用户享受到独特的个性化服务,在隐私保护和服务质量之间找到合适的平衡点才是该问题的根本解决之道。本书在对位置隐私保护现状和前人研究进行深入分析的基础上,提出了一个通用的位置隐私保护框架和相关的位置隐私保护模型,并通过对保护后的位置信息在基于位置的移动社交网络服务的知识发现和时空查询两个领域的应用进行研究,证明了本书提出的位置隐私保护方式既能实现对用户信息的有效保护,又能根据有限的位置信息发现有用的潜在知识,为向用户提供个性化服务提供了支持，解决了用户和应用所面临的两难问题，从而为用户和应用创造一个双赢的局面。

本书的主要研究内容和创新成果可以概括为以下四个方面：

第一，本书深入分析了基于位置的社交网络服务中的位置隐私保护问题，提出了一个通用的位置隐私保护框架。本书分别从使用者和开发者两个截然不同的角度，围绕诸多基于位置的移动社交网络服务的核心问题进行了深层解读。在总结相关研究的基础上，根据现有基于位置的社交网络服务应用通常会涉及的位置隐私保护的几个关键方面，提出了一个普适的位置隐私保护框架，并将整个框架分为了客户端、位置服务器和应用服务器三大部分，并分别对它们之间的交互、位置信息的存储访问以及位置隐私的保护等方面进行了细化和规范。

第二，本书首次针对基于位置的社交网络服务中位置信息的隐私保护问题，提出了一个改进的 K 匿名位置隐私保护模型及其相应的两种建模算法。该模型在离线位置历史和实时位置更新两个方面对基于位置的社交网络服务中的位置隐私进行了保护，不仅能够使被保护的位置信息在时间和空间维度上的匿名范围最小，而且能够有效抵御两种传统 K 匿名位置隐私保护模型无法防范的攻击。实验结果显示了该模型无论是在构建效率上，还是在隐私保护效果上都有良好的表现。

第三，本书首次针对实施保护后的位置信息在用户兴趣区域发现和社交关系预测两个方面的应用进行了系统的研究，填补了这两方面的空白。在兴趣区域发现方面，提出一种基于网格的兴趣区域发现方法，能够发现广泛意义上的兴趣区域和用户个人的兴趣区域。在社交关系预测方面，提出了共同签到关系模型，并从分析用户之间发生共同签到关系时的各种上下文情境特征入手，给出了用户间社交关系发现的方法。实验结果证明了有限的位置信息同样可以在基于位置的社交网络服务的知识发现领域达到非常好的效果。

第四，针对基于位置的社交网络服务中群组成员聚集的场景，本书提出了一种基于 Skyline 的区域对象时空查询优化算法。与使用朴素 Skyline 算子的算法相比，该算法的运行效率提高了一倍，从而为解决该类问题提供了一种新的思路。同时，针对查询条件的动态改变，本书也提出了两种动态更新算法，实验结果显示了这两种算法能够有效避免重复计算的问题，极大地提高了二次查询的效率。

由于笔者水平有限，书中不足之处在所难免，敬请读者批评指正。在此特别感谢教育部新文科研究与改革实践项目"交叉融合——新文科背景下商科类专业提升与再造（项目编号：2021050039）"对本书出版提供的大力支持。

笔者

2024 年 6 月

CONTENTS 目 录

第一章 绪论

1.1 移动社交网络的前世今生 / 1
1.2 移动社交网络的隐私问题 / 3
1.3 移动社交网络的隐私保护关键技术 / 5

第二章 基于位置的社交网络服务的位置隐私保护框架

2.1 概述 / 8
2.2 理解位置隐私问题 / 10
2.3 案例分析 / 14
2.4 LaMOC 系统实践与分析 / 19
2.5 LBSNS 位置隐私保护框架 / 22
2.6 小结 / 28

第三章 基于位置的社交网络服务的位置隐私保护模型

3.1 概述 / 30
3.2 相关工作 / 32
3.3 敏感位置攻击模型 / 34
3.4 改进的 K 匿名位置隐私保护模型 / 37
3.5 KSTCM 模型建模算法 / 40
3.6 实验分析 / 48

· 1 ·

3.7 小结 / 56

第四章 基于位置隐私保护的 LBSNS 兴趣区域发现

4.1 概述 / 57

4.2 相关工作 / 58

4.3 广泛兴趣区域的发现方法 / 61

4.4 个人兴趣区域的发现方法 / 68

4.5 实验分析 / 74

4.6 小结 / 79

第五章 基于位置隐私保护的 LBSNS 社交关系预测

5.1 概述 / 81

5.2 相关工作 / 82

5.3 共同签到关系模型 / 84

5.4 共同签到关系的特征选取 / 87

5.5 基于KSTCM对象共同签到关系的社交关系预测 / 91

5.6 小结 / 99

第六章 基于位置隐私保护的多用户聚集时空查询问题

6.1 概述 / 101

6.2 相关工作 / 102

6.3 问题定义 / 104

6.4 基于 Voronoi 图的区域空间 Skyline 查询算法 / 106

6.5 动态更新算法 / 111

6.6 实验分析 / 114

6.7 小结 / 119

后记 / 120

参考文献 / 123

第一章 绪 论

近年来,随着移动便携设备的普及、移动定位技术的进步以及社交网络服务的发展,涌现了许多基于位置的移动社交网络服务(Location Based Social Network Services,以下简称"LBSNS")应用,如推特和新浪微博等。在传统社交网络服务的基础上,这些 LBSNS 应用推出了各种与位置元素相结合的个性化服务,如签到活动,受到了用户的热烈响应。这些崭新的服务形式不仅允许用户可以将分享的内容和体验与其当前的位置标记在一起,使得其他用户可以了解某时某地发生的新鲜事,而且可以通过用户相互之间的位置信息分享,随时发现身边的好友,促进了朋友间的互动。尽管 LBSNS 大大丰富了人们的移动社交活动内容,并为其生活带来了便利,但是由于人们的隐私将不可避免地会在他们分享位置信息的时候被暴露,可能为他人所用,从而产生不可预见的风险。因此,对于 LBSNS 的位置隐私保护问题的相关研究也得到了国内外学者们的广泛关注。

1.1 移动社交网络的前世今生

随着移动互联网的快速发展以及智能便携终端的普及,越来越多的互联网企业意识到了移动互联网蕴藏的巨大市场潜力和发展机遇,使得传统互联网服务逐步向移动互联网方向转变和迁移。而无线通信技术和传感技术的不断进步,也使移动互联网应用的发展基石更加坚实,前景更加广阔。此外,脸书(Facebook)[①]等一大批传统社交网络服务在商业运作上取得的成功,

---

[①] 脸书(Facebook)创立于2004年,是一个用于联系朋友的社交工具。

也让越来越多的人认识到了社交网络的巨大能量,促使人们不断将社交网络服务向更多领域进行拓展。本书讨论的 LBSNS 正是在此背景下快速成长起来的。

LBSNS 是指以位置信息为基础,通过移动设备建立起的以社会交往和内容分享为目的的移动服务。它的形式丰富多样,有的为朋友交往提供了平台,如路普特(Loopt)和谷歌纵横(Google Buzz)①;有的则以经典的签到活动为核心,如四方(Foursquare)和格瓦拉(Gowalla)②;还有的则将内容分享和位置信息进行了结合,如推特和新浪微博。这些服务不仅能够方便用户随时发现附近的好友,促进好友之间的互动,而且也允许用户在分享照片、视频或者博客的同时标记事件发生的地点,使得其他用户能够更加直观地了解其分享的内容。可以说,LBSNS 应用是传统社交网络服务在移动环境下的延续与拓展,被普遍认为是未来社交网络服务发展的重要趋势(图 1-1)。

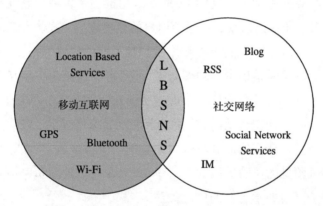

图 1-1 基于位置的社交网络服务(LBSNS)

同传统社交网络服务相比,LBSNS 应用与之最重要的区别就在于,它能够将物理空间、信息空间和人类活动三者无缝地进行融合,使得社交网络服务不再仅仅局限在静态环境下,而是能够与人们的日常活动更加紧密地联

---

① 路普特(Loopt)由山姆·奥特曼在 2009 年创建,其功能就是让用户通过手机快速获取某一场所和周边朋友的信息;谷歌纵横(Google Buzz)是由谷歌公司开发的社交及通信工具。

② 四方(Foursquare)是一家基于用户地理位置信息的手机服务网站,创立于 2012 年;格瓦拉(Gowalla)是一家提供位置签到服务的公司。

系在一起，并以此为基础向用户提供形式更加多样的服务。毫无疑问，对物理位置信息的获取和使用就是 LBSNS 应用最为显著和重要的特点。无线定位技术的日趋成熟，也使得智能手机可以通过多种途径更加轻易地获取当前使用者的位置信息。在这种情况下，社交网络结构和社交网络服务的形式也都随之发生了巨大的变化。

对于 LBSNS 应用中的社交网络结构而言，地理位置成为了成员之间首要的关系纽带。通过地域的联系，使得在同一幢写字楼工作、生活在同一社区，或是那些平时生活中每天相见又匆匆擦肩而过的人们有机会相互认识，并建立起新的社交圈子。在这种以地理位置为首要关系基础的社交网络结构中，成员之间的联系可能会更加紧密。国内外研究学者的研究成果也显示了，LBSNS 用户分享的位置信息能够在社交关系发现和社交关系推荐上发挥重要的作用。

由于 LBSNS 应用能够更加贴近人们的日常生活，从而使得 LBSNS 应用可以为用户提供更加个性化的定制服务。通过分析用户所分享的位置信息记录，LBSNS 应用能够发现传统社交网络服务所不能发现的用户偏好和行为模式。通过探究用户喜欢去哪些地方活动，LBSNS 应用可以发现用户习惯的移动模式，并为用户提供如行程规划、兴趣地推荐和活动推荐等诸多个性化服务，从而增加用户的使用黏性。目前，国内外研究学者利用 LBSNS 应用对用户偏好的研究主要集中在发现用户的兴趣点和兴趣区域、发现用户的移动模式、识别用户的活动、预测用户的移动行为，以及构建用户的个性化地图等方面。

1.2 移动社交网络的隐私问题

然而，随着移动社交网络的快速发展，它也面临着许多挑战。其中，作为 LBSNS 应用的基础，"用户位置隐私信息的使用和保护"是最受人关注的关键问题之一。首先，LBSNS 应用为用户提供服务时必不可少地会采集用户的位置信息，用户去了哪里、见过哪些人以及做了哪些事……都可以借由这些位置信息的历史记录反映出来，而用户却无从知晓 LBSNS 应用是否将这些敏感信息进行了存储，从而造成自己的隐私泄露。其次，许多 LBSNS 应用允许第三方内容提供者为用户提供服务，这使得第三方也有权限能够得到用户的各种个人信息，包括位置信息。一旦向其他服务商开放了用户信息，原本的 LBSNS 应用就失去了对用户敏感信息的全权控制，仅靠现有的第三方监督机制根本无法确保用户信息的绝对安全。获取信息的服务商越多，用户隐私泄露的风险就会越大。最后，由于用户在 LBSNS 应用上分享的位置信息是公开的，不仅用户的好友能够通过该信息掌握用户的行踪，甚至陌生人也都能获取这些信息，因而存在信息被恶意使用的可能性，从而对用户安全产生潜在威胁。

正因为存在以上的种种风险，LBSNS 的位置隐私问题引起了国内外专家学者的广泛重视，并且已经在一些方面提出了解决问题的方案。通过对相关成果进行学习和总结，前人对于 LBSNS 应用的研究仍然存在以下问题：

（1）对 LBSNS 的位置隐私问题的理解尚处于比较浅的层面。LBSNS 的位置隐私问题是一个复杂的问题。一方面，位置分享是 LBSNS 应用的核心，一旦缺少了这个功能或者对该功能采取过多的保护手段，无疑都会使 LBSNS 应用的吸引力和服务质量大打折扣。另一方面，位置分享也是泄露用户隐私的源头，用户不得不面对由此带来的潜在风险。"如何平衡服务质量与位置隐私保护之间的关系"是 LBSNS 应用面临的一大挑战。对该问题的理解需要从各个方面、各种角度全方位地去探索，而现有的研究对该问题的讨论都存在一定的片面性。

（2）缺少针对 LBSNS 的位置隐私保护模型。目前对于 LBSNS 的位置隐私的保护手段主要分为采用隐私策略以及位置隐私保护模型两种，但是这两种解决方式都存在根本上的缺陷。一方面，该策略需要用户自己主动进行设定，不仅增加了用户的使用负担，而且一旦用户疏于管理，这些策略就会失去作用。另一方面，LBS（Location Based Service，基于位置的服务）与 LBSNS 在对位置信息的保护目的和使用场景等方面都存在不同，因此传统的 LBS 的位置隐私问题模型很难有针对性地对 LBSNS 的位置隐私进行有效保护。对于 LBSNS 的位置隐私保护而言，除了需要提供足够灵活的策略外，位置隐私保护模型能否对不同情况下（包括实时和离线）的位置信息都起到保护作用也至关重要，而这正是该领域在之前的研究中所缺乏的。

（3）在 LBSNS 的知识发现等领域，利用保护后的位置信息进行研究的工作较少。一般而言，越精确的数据，其发现知识的可能性和正确性也越高。在以往对 LBSNS 的知识发现领域的研究中，许多工作成果都显示了根据用户精确的签到活动的位置历史，能够发现如社交关系和移动偏好等许多潜在的知识。但是，目前在该领域尚且缺乏利用保护后的位置信息对相关知识进行发现的研究。保护后的位置信息究竟是否会对这些问题产生影响？其影响是否显著？是对它们束手无策，还是仅仅会产生细微的影响？我们都不得而知。因此迫切需要以此为突破点，以全新的视角在该问题上展开探讨。

本书将结合 LBSNS 的特性，围绕上述问题，从全局角度对 LBSNS 的位置隐私问题进行深入的分析和研究。首先，深刻理解 LBSNS 的位置隐私问题，其次，提出相关的位置隐私保护框架和位置隐私保护模型，并在上述工作的基础之上，对采用该模型保护后的位置信息在 LBSNS 的知识发现和查询优化等场景下的应用展开进一步的研究。本书希望能够在 LBSNS 的位置隐私保护问题方面做出有意义的创造性工作，为之后的研究提供参考。

1.3 移动社交网络的隐私保护关键技术

本书将在深入分析 LBSNS 的位置隐私问题的基础之上，以位置隐私模型在 LBSNS 中的应用为核心，对所涉及的基本理论和关键技术进行深入研究。主要包括以下几个方面：

1.3.1 LBSNS 的位置隐私保护框架

为何要分享位置？分享位置的好处在哪里？隐私泄露的风险在哪里？目前的 LBSNS 应用存在哪些不足以及采取哪些手段可以保护用户的隐私？这些问题都是有关 LBSNS 的位置隐私保护的核心问题。而对于这些问题的理解，无论是产业界还是学术界目前都处于较浅的层次。

深刻理解 LBSNS 的位置隐私的核心问题，建立一个统一完备的 LBSNS 的位置隐私保护框架，不仅能够明确位置隐私在 LBSNS 应用的各个层次和各种场景中所扮演的角色，而且也能够从总体上指导如何在各个层面上对位置隐私进行保护。本书将在对位置隐私问题进行深入分析的基础上，提出一个通用的 LBSNS 的位置隐私保护框架。

1.3.2 LBSNS 的位置隐私保护模型

从 LBSNS 应用对位置信息的处理和使用的角度来看，位置信息的使用主要有以下两个方面：①实时的时空查询。LBS 和 LBSNS 结合密切，经过隐私保护模型处理后的位置信息，需要能够对 LBS 的实时时空查询提供支持。②离线的知识发现。为了能够为用户提供个性化的服务，许多 LBSNS 应用对用户的位置历史数据进行挖掘，以期能够发现用户在使用 LBSNS 应用过程中的偏好和兴趣。因此，LBSNS 的位置隐私保护模型需要兼顾实时和离线两种状态下的位置信息的保护。

1.3.3 有关 LBSNS 的知识发现

LBSNS 应用的基础是社交网络，而它是由人与人之间的各种社交关系组成的，包括血缘与友谊、相近的价值观、理想、信念和兴趣，以及组织与雇佣关系等。这些社交关系相互依存，把从偶然相识的泛泛之交到紧密结合的家庭成员组织一一串联起来。发现社交关系的特征，无论是对社交网络的分析，还是对社交关系的推荐都有着非常重要的作用。

一方面，在 LBSNS 应用中，社交关系的预测与位置信息关系密切。具有社交关系的用户们在日常生活中经常会同时出现在相同的区域（如朋友聚会时或者一起工作时），这为通过用户的位置历史预测用户潜在的社交关系提供了依据。另一方面，用户在使用 LBSNS 应用过程中的位置历史，不仅能够反映出用户频繁活动的场所和区域，而且通过对这些地点特征的分析，也能够反映出用户的偏好和兴趣，从而为 LBSNS 应用的用户提供个性化的服务提供了支持。

典型的 LBSNS 应用对社交关系的预测和兴趣发现都基于用户的签到活动历史数据，而这些信息包含了用户精确的位置点和相关时间信息，这些信息可能会泄露用户的隐私。本书将以保护后的位置信息为基础，结合现有的各种技术，从社交关系预测和兴趣区域发现这两个应用场景出发，研究位置隐私保护在 LBSNS 的知识发现方面的应用方法。

1.3.4 LBSNS 应用的群组时空查询优化技术

针对实时时空查询中的隐私模型，国内外研究学者已经提出了许多相关的时空查询优化算法。但是这类查询问题都具有一个共同的特征，就是查询者都是单个用户。对于 LBSNS 应用来说，个人活动与群组互动关系密切，许多时空查询都具有群组活动的背景，故而也存在对群组用户间共同时空查询的需求，而这就需要提出相关的、支持多用户间时空查询的技术。

  本书针对群组用户间进行聚集活动的场景，研究现有的时空查询优化技术，寻找扩展和改进的可能，以求提出符合位置隐私保护要求的、支持多用户间时空查询的技术。

第二章 基于位置的社交网络服务的位置隐私保护框架

2.1 概述

过去数年来，LBSNS 在移动互联网领域取得了长足的发展。与传统桌面社交网络服务不同，LBSNS 应用将用户的位置信息同社交网络服务结合在了一起。四方等应用都在用户界面中提供了一张显示用户当前位置的电子地图，在这之上用户不仅可以知道自己所处的位置，而且可以随时发现周围的好友，同时还能将自己此时此刻在生活中所拍的照片与所写的博客发布在地图上的某个确切地点与他人分享。除此之外，如推特和新浪微博等以内容分享为核心的传统社交网络服务，也引入了"签到"服务，使得用户在分享微博的同时，也能够分享自己当前的位置。位置分享使得 LBSNS 比传统桌面社交网络服务更能促进同一个城市中人与人之间的交流，受到了相当一部分年轻人的喜爱，如路普特（Loopt）早已宣布其用户数量突破了 400 万，并且还在快速增长中。在中国，LBSNS 同样也发展迅速，早期的贝多曾拥有了超过百万的用户，而目前新浪微博则拥有更加庞大的用户群。

然而经历了快速的发展阶段之后，LBSNS 应用也面临了一系列巨大的挑战。安装在用户手机上的该类应用，随时随地都可能将用户的当前位置信息泄露出去，这使得如何保护用户的位置隐私成为了这类应用存在的关键问题之一。一方面，用户将自己的位置信息进行分享，可以增加同好友之间的联系，也可以结交更多的朋友。另一方面，用户则必须承担被恶意跟踪者跟踪的风险。"如何采取适当措施保护用户的位置隐私信息、平衡分享位置信息的利与弊"是每个 LBSNS 应用需要解决的问题。

美国政府为保护儿童的信息隐私制定了相关法律 COPPA（Children's Online Privacy Protection Act，以下简称"COPPA"）。各国的研究学者们也在各方面进行了探索与研究，努力提高 LBSNS 的位置隐私保护能力。最近几年，相关专家对 LBSNS 的位置隐私问题的研究主要分为以下两类：

（1）提出位置隐私保护机制和框架，并建立应用原型。张耀仁等人提出了建立一个利用 WIFI 网络定位的应用原型，用户可以将个人信息设置不同的隐私等级。阿伯等人则提出了一种可以加密的通信协议，以此保证通信过程中用户互相之间的隐私安全。马吉迪斯和库切将语义网与移动网络相结合，提出了一种利用信任机制保护用户隐私的方式。孙燕等人提出了一种基于密钥机制的基于位置的服务的隐私保护框架。达米亚尼等人针对攻击者知晓用户语义位置这一点，提出了相关的位置信息保护框架。

（2）对分享位置信息问题的本身进行探索，为其他研究学者提供借鉴思路。达纳齐等人制定了一套实验问卷，并利用经济学与心理学方法，探究用户的位置信息的商品价值。普拉贝克团队对不同场景下，用户分享位置信息的意愿进行了调查。统计结果显示，对象、时间与环境等因素会对用户分享位置的意愿产生影响，这也从另一个侧面反映出该问题的复杂性。陈冠林等人利用贝洛蒂和塞伦的反馈与控制模型对现存的 LBSNS 进行了分析比较，总结了它们各自存在的一些不足。

可以看出，位置隐私保护问题已经引起了国内外研究学者们的高度重视。本章对 LBSNS 中的位置隐私问题进行了深入分析与总结。首先，通过对五个位置隐私关键问题的回答，结合社会学和心理学的观点与理论，分析了 LBSNS 应用中与位置隐私相关的核心问题。其次，从使用者的角度对现有主要 LBSNS 应用中的隐私保护手段进行了分析，总结了三类可能造成隐私泄露的原因，并提出三种必要的位置隐私保护策略。最后，从开发者角度出发，通过对构建 LaMOC（Location-aware Mobile Collaboration，基于位置感知的移动协同）系统过程中所得到的经验，提出了一个普适的 LBSNS 位置隐私保护框架（Generalized Location Privacy Protection Framework，以下简称"GLPPF"），规范了位置信息的存储与访问方式以及位置隐私保护机制，为 LBSNS 的位置隐私保护工作的设计者提供了有意义的借鉴思路。

2.2 理解位置隐私问题

　　隐私保护的设计问题向来都是移动计算领域中的一个重要研究课题。对于 LBSNS 应用来说，除了需要对用户基本个人信息进行保护外，对用户位置信息的保护也同样重要。在不影响用户使用体验的基础上，如何为用户提供一套合理的隐私保护机制，一直是 LBSNS 应用开发者需要切实考虑的问题。只有当开发者对位置隐私问题有了深刻的理解，才能为用户提供最为完善的隐私保护设计方案。下面提出了五个与位置隐私相关的核心问题，通过对它们的回答，可以帮助设计人员从不同角度理解 LBSNS 应用中的位置隐私问题，从而更好地完善隐私设计。

　　问题一：为什么需要分享位置信息？

　　在生活中，"你在哪里？""你要去哪儿？"通常是出现频率极高的一类问题。父母以此确保孩子的安全，老板以此检查员工的工作情况，朋友之间以此嘘寒问暖。可以看出，人与人之间对彼此的位置信息非常关心。实际上，位置信息能够反映出人们当前的实时状态，如是否在家休息、是否在办公室上班等。

　　一方面，在 LBSNS 应用中，分享彼此的位置信息也能够促进同一位置区域下人与人之间的交流。21 世纪人类生活方式已经发生了翻天覆地的变化，随着城市规模的逐渐扩大，人与人之间的接触反而越来越少。其原因之一在于人们缺少与他人沟通交流的机会，从而很难找到与自己志同道合的朋友。进化心理学家指出，人类只有通过彼此紧密的联系才能发展。所以说，在 LBSNS 中分享自己的位置，以此来寻找本地的好朋友，不失为一个增加人与人沟通交流机会的好方法。

　　另一方面，分享位置信息也丰富了各种计算机服务的内容，使更多应用场景的实现成为可能。例如，通过基于位置的服务中的定位功能，人们不用再担心在陌生的城市迷路。同样，人们不用再为了决定一个聚餐的地方，反复与不同的好友打电话，而是只需要根据每个人的具体位置和他们的偏好，就可以让计算机来帮忙选择一系列合适的餐馆。另外，通过分析用户的位置信息，也能发现用户日常生活的偏好，从而帮助其实现个性化的社交网络服务。可以说，LBSNS 促进了移动计算技术、受计算机支持的协同工作（Computer Supported Cooperative Work，以下简称"CSCW"）和数据挖掘工作等领域的共同发展。

问题二：人们愿意分享位置信息吗？

新浪微博是国内最大的移动社交网络服务应用，它于 2011 年年末推出了位置签到服务。用户可以在发布微博的同时，分享其当前的位置信息。签到的位置信息通过文字格式如（××省××市××区××路）以及电子地图的方式同时表示（图 2-1）。

图 2-1　新浪微博用户的签到位置显示

本书对 20 位新浪微博用户自 2011 年 10 月至 2012 年 10 月为期 1 年的签到活动的调查，不难发现，大多数用户签到的微博数量基本都在 100 条以上，虽然和其所有发布微博总数相比只占很小一部分（大多数都在 10% 以下），但是如果以用户主动发布的微博数为考量（即以原创微博为基准），该比例则得到了大幅的提升。位置相关的微博数量占微博总数的平均百分比为 9.8%，而这一比例在原创微博的基准下上升到了 36.2%，部分用户的百分比甚至超过了 70%（图 2-2）。由此可见，在能够分享位置信息的前提下，绝大多数的用户在主动发布微博时，较为愿意将自己的位置信息附加上去。

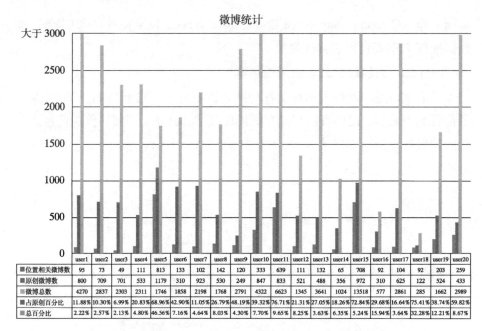

图 2-2　新浪微博统计

问题三：分享位置信息的风险是什么？

虽然分享位置信息的好处是显而易见的，但是有时候它也可能为分享者带来麻烦，甚至危险。第一，用户无法再对自己的实际位置进行掩饰。一旦 LBSNS 应用所暴露的用户当前位置与其所言不符，则会使用户陷于尴尬的境地。第二，用户可能被他人跟踪。据国外媒体报道，曾有人利用装有 GPS（Global Positioning System，全球定位系统）的手机跟踪自己的女友，监视其一举一动，这种行为极大地侵犯了他人的个人隐私，而这种情况也确实可能会发生。因为一旦用户分享了自己的位置信息，随时可能有人通过你所公开的位置信息了解你的一举一动。第三，位置信息本身虽然只是数字，但是它的泄露也可能导致其他个人隐私的泄露。例如，恶意的商业竞争对手可以通过用户分享的位置信息，掌握用户与客户见面会谈的时间地点，造成商业机密外泄；窥探者也可以通过调查与跟踪目标人物每一天的行程，对其日常生活习惯等私生活进行窥探，从而引起用户的个人隐私泄露问题。

问题四：风险是怎么发生的？

大多数情况下，有三种原因会造成风险发生：

第一，LBSNS 应用没有给用户提供足够的位置信息保护手段，使用户无法切实保护自己的位置隐私。虽然莱德尔等人的研究显示，影响用户分享位置信息意愿的主要因素是询问者与分享者之间的关系，并且绝大多数 LBSNS 应用也允许用户自定义哪些其他用户可以得到自己的位置信息，但是肯索沃团队的研究表明用户实际的分享意愿也会随不同的地点、活动和心情而经常改变。例如，86%的用户愿意对来自同一城市的其他人分享自己的位置信息，而对于远离自己居住地的人，只有 55%的用户愿意将位置信息与其分享。对于用户当前所进行的活动类型对分享意愿的影响，96%的用户愿意在自己做家务的时候分享位置信息。另外，分别有 84%的用户与 81%的用户愿意在锻炼与打电话时分享位置，而当用户在学习工作或与好友在一起时，该比例则分别只有 63%与 65%。另一个重要因素是心情，当用户感到孤独且想和外界建立联系时，82%的用户愿意分享自己当前的位置，而当他们处于愤怒状态时，该比例则下降到 57%。其他心情诸如开心、冷静、有压力以及悲伤，分别对应 77%、77%、72%与 64%的分享意愿。因此，简单划一的保护手段无法起到真正的保护作用。

第二，LBSNS 应用没有保护好用户的位置信息。一方面，因为用户所分享位置信息的历史记录在挖掘用户潜在的兴趣偏好等方面扮演着重要的角色，所以绝大多数的 LBSNS 应用都会把这些历史记录存储起来以待后用。然而，这也为许多恶意攻击者提供了可趁之机。LBSNS 应用相关的安全保护机制一旦被攻破，用户的个人信息包括其位置历史都有可能被不法分子所窃取，从而导致不可预知的危险。另一方面，一些 LBSNS 应用在为用户提供位置相关服务时，会同第三方内容提供商进行交互，而信息控制权的交换也可能导致位置信息的泄露。如果第三方内容提供商存在恶意，或者其无法有效保护这些位置信息，也可能使用户面临隐私泄露的风险。

第三，用户自身的疏忽。即便 LBSNS 应用能够提供足够的保护手段，也可能因为保护手段的过于繁琐而致使用户懒得进行操作，进而导致风险产生。普拉贝克（2007）为用户提供了一套可以自定义的隐私保护策略，用户可以根据不同对象、时间与地点制定相应的位置信息保护规则。研究显示，用户在刚开始时会频繁调整自己的隐私策略，增加隐私保护规则，并且制定的规则数量往往也超过八条，以保证自己的位置隐私不被泄露。但是随着时间的推移，用户最终会停留在某个策略规则集合上不再进行调整。而且通过分析，用户对自己最开始使用的策略满意度仅有 59%，即使是最后一直使用的那个策略，满意度也仅有 70%。用户并没有因为自己增加了许多保护规则而对隐私保护策略感到真正满意。由此可见，复杂的隐私保护策略虽然能够保证用户在各种情况下保护自己的位置隐私，但是由于其操作过于繁琐，最终会使大多数用户选择偷懒的方式，停留在不安全的机制之上。

问题五：为什么 LBSNS 用户的风险意识淡薄？

虽然很多专家在 LBSNS 应用出现之初就曾指出，用户分享自身的位置信息可能会面临不可预见的风险。但是实际情况却显示，用户最初并不认为分享位置信息会为他们带来危险。达纳齐（2005）利用经济学与心理学的研究方式，试图评估用户对自己位置信息的心理价值的衡量标准。结果显示，有 11% 的被调查者并不在意自己的位置信息被他人获取。仅需 1 英镑的价格，他们就允许某段时间内其具体位置信息被他人监视；而大约一半的人则更愿意以 10 英镑的价格将自己某段时间的位置信息向其他人分享；只有极少数人认为自己位置信息的价值应该超过 400 英镑。

Risk: A Practical Guide for Deciding What's Really Dangerous in the World Around You（《风险：发现生活中安全与危险的实用指南》）一文中也指出，人们并不需要或者期望能在与外界接触的过程中得到全面的隐私保护。然而，人们对隐私保护意识的缺乏并不意味着这样的风险不存在。文中也列举了一些关于人们习惯于忽视自己身边所存在风险的理由，其中有两条非常合适用来解释 LBSNS 应用中用户风险意识淡薄的原因。第一，绝大多数人会轻视那些可能对自己产生利益的风险。第二，绝大多数人会轻视那些他们认为能够驾驭的风险。事实上，在本节第一个问题中已经列举了分享位置信息可能为用户带来的好处。用户在与他人分享自己的位置信息时，从自身角度出发，更多的是出于积极的目的，也因此他们会在潜意识里轻视了由此可能导致的风险。另一方面，LBSNS 应用所提供的脆弱的隐私保护手段，也使其错误地估计了对自己位置信息的控制力，进一步导致用户风险意识的降低。

从以上五个不同角度的分析探讨，帮助本书深入理解了 LBSNS 位置隐私问题的实质，同时也进一步突显出研究位置隐私保护的必要性。

2.3 案例分析

上一节对 LBSNS 应用中的位置隐私进行了详细的分析，预防风险的发生除了需要用户自身提高警觉外，更重要的是应用设计者能够为用户提供灵活全面的隐私保护机制。但是在实际使用中，现有的 LBSNS 应用并没有提供足够的保护手段。本节对一款 LBSNS 应用进行案例分析，在此基础上，总结了该类应用中可能会导致隐私信息泄露的三种主要因素，同时提出了与之对应的关键保护机制。

2.3.1 贝多

贝多是国内最早一批进入 LBSNS 领域的应用，其用户数量早在 2008 年底就达到了数十万。本书随机选取了 400 位贝多的用户，并对他们进行了调查。图 2-3 显示了同国外桌面社交网络脸书用户年龄结构分布相对均匀相比，贝多的用户群年龄层主要分布于 18~34 岁之间，主要以年轻人为主，这和贝多将青少年与都市白领定义为其目标群体的想法基本符合。同时，图 2-3 也显示了国内的桌面社交网站使用者的年龄结构分布更趋于年轻化。由此可见，同国外相比，国内社交网络使用者的年龄层相对较低，他们对新事物的接受能力较强，但风险防范意识则相对较弱。

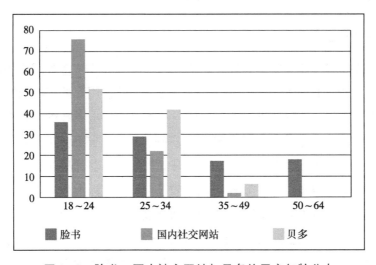

图 2-3　脸书、国内社交网站与贝多的用户年龄分布

贝多允许用户互相分享位置信息。在电子地图上，用户的即时位置使用一个笑脸图标标识，其他愿意分享位置信息的用户则用小人图标表示（图 2-4）。贝多支持用户将当前的照片或者博客与特定的地点相关联，并同其

他用户进行分享,而这些照片或博客在电子地图上使用星状图标进行标记。与传统的即时通信软件一样,每一个贝多用户都能够建立一组好友列表,与他们进行即时消息的交流。另外,用户的一些基本信息(如性别、年龄和居住城市等)也能被其他用户查询得到,以此方便其他用户寻找到合适的朋友。在对随机用户进行调查后发现,用户好友列表中的绝大多数对象并不是自己现实生活中所熟悉的好友,相反是通过贝多这个虚拟平台认识并添加的。究其原因,一方面,贝多软件并未大量普及,所以他们很多好友

图2-4 贝多的主界面

并未使用贝多软件。另一方面,他们则希望在一个全新的虚拟世界中认识其他更多的新朋友,以拓展自己的社交圈。

2.3.2 存在的不足

针对贝多中的位置隐私问题,其使用基站定位方式获得其用户的位置信息,与用户当前精确位置的误差大约在1千米以内。用户的即时位置信息会以每10分钟一次的频率进行更新。用户除了可以在电子地图上查询到好友的位置信息外,贝多同时也提供了一套在好友列表上指示好友距离的方法。例如,如果该好友当前位置距离用户比较近时,该好友昵称的旁边就会显示一个正在走路小人的图标;而距离相对较远时,该图标则会变化为一辆自行车;若该好友与用户不在同一个城市,则会显示为一架飞机。贝多为其用户提供了三种分享位置信息时的隐私设置,即仅与好友共享、与所有用户共享、不与任何用户共享。通过对贝多进行分析,本书认为有以下三种因素可能会造成用户位置隐私的泄露。

1. 保护手段不灵活

虽然贝多考虑了用户的位置隐私保护问题,并为用户提供了三种隐私设置方式,但是在实际使用过程中,这种不灵活的保护手段无法真正起到保护

作用。首先，无法保证用户愿意分享位置信息的对象覆盖了用户的所有好友。即便在好友列表中，用户的分享意愿也会有所区分。一旦用户将分享位置信息的决策设置为"仅与好友分享"，那就意味着用户必须面临所有好友都能时刻掌握其当前位置的风险。其次，无法保证用户位置信息在某些特定情景下不被泄露。这里的特定情景包括一天中某个特别的时间段、用户处于某个特别的地点，以及用户正在进行某个特别的活动。如果隐私保护机制不与特定情景相结合，一旦用户疏忽，位置隐私泄露将不可避免。

2. 缺少反馈机制

反馈机制的最大作用在于对恶意用户起到警示作用，及时提醒用户防患于未然。反馈机制包括两个方面：

（1）提醒机制。当其他用户查询用户当前位置信息时，LBSNS 应用应该有义务向被查询的用户发出提醒，询问是否向该对象分享位置信息。如果应用认为太频繁的提醒与询问会造成用户使用体验降低，那么应用应该结合分享位置信息的方式，针对那些在某个时间段中频繁查询其他用户位置信息的用户进行双方面的提醒，以保证用户的位置信息隐私不被其他用户恶意获取。

（2）审计机制。用户应该能够回顾过去某段时间内对其位置信息进行查询的统计信息，包括查询对象、查询时间和查询次数等。用户通过审计机制可以随时了解其他用户针对自己位置信息的查询情况，及时发现异常情况，并可以有针对性地调整自己的隐私保护策略。

3. 数据存储方式不合理

贝多针对用户位置信息的存储机制并不合理，而绝大多数其他同类 LBSNS 应用也存在类似问题。首先，由于用户的位置信息会被存储在服务器端，即使用户离线，用户最后时刻的位置信息依旧能够被其他用户查询得到。事实上，如果应用对用户提供的服务需要对用户的位置信息进行存储，那么也应该采用一定的保护手段，直接将用户精确的历史位置信息进行存储是不安全的。其次，绝大多数 LBSNS 应用会使用第三方的地理信息服务，如贝多使用的是谷歌地图。服务提供环节的增加，也增加了隐私信息泄露的可能性。最后，许多 LBSNS 应用会将一些数据存储在本地。例如，为了方便用户的登录，会将用户的登录号以及密码缓存在本地移动设备上。这种做法面临的潜在风险是，如果用户的手机遗失，不仅用户自身的重要信息可能遭到滥用，而且由于其他人可以很方便地进入系统，对其他用户的隐私安全也会造成影响。数据显示，有22%的手机拥有者曾经遗失过他们的手机。因此，应该尽量避免在用户移动设备上缓存敏感数据。如果有存储的需要，也应该对这些敏感数据采用适当的保护措施，如对数据进行加密等。

2.3.3 关键保护机制

针对以上三种造成位置隐私泄露风险的因素，LBSNS 应用应该建立与之相对应的关键保护机制：

第一，提供用户自定义的位置隐私保护策略。用户应该能够具体决定哪些用户或者服务可以查询到其位置信息，而哪些用户不可以，并且用户应该能够设置特定情境下的位置信息分享方式，包括用户处于哪些特别的时间段和位于哪些特别的地点、以何种粒度显示位置信息等。同时，用户也应该有权利选择是否允许相关 LBSNS 应用长期存储位置历史，或者决定存储的周期长度和存储方式，并且应该能够主动对这些位置历史进行删除。当然，用户自定义策略并非意味着用户需要自己编写隐私保护脚本，相反，LBSNS 应用应该提供用户灵活的设置机制，引导帮助用户快速完成隐私策略的设置。

第二，设立反馈机制。在发生异常的情况下，LBSNS 应用必须能够提醒用户其位置信息可能被其他有恶意的用户过度查询。同时，LBSNS 应用也应该警告恶意用户，阻止其恶意行为的发生。

第三，为用户提供一套合适的拒绝机制。当用户并不希望将自己的位置信息同其他某些用户分享时，直接冰冷的拒绝可能会使用户陷于尴尬的境地。LBSNS 应用应该为用户提供诸如"网络繁忙，请稍后再试""用户暂时不在服务区"和"用户正忙"等说辞帮助用户回答，以此提高用户的使用满意度。

综上，本章总结的三种关键保护机制可以对 LBSNS 的位置隐私保护起到至关重要的作用。此外，如果能够加入更多其他的位置隐私保护手段，那么就可以更加全面地保护用户的位置隐私，使用户可以放心地使用 LBSNS 应用，同时促进该应用健康快速地发展。

2.4 LaMOC 系统实践与分析

本章深入分析了 LBSNS 应用中的位置隐私问题,并通过一个实际的案例对 LBSNS 应用中位置隐私保护存在的不足以及可以采取的防护措施进行了总结。可以说,从一个 LBSNS 应用使用者的角度,直观地去探究了 LBSNS 的位置隐私保护问题。然而这些工作仅剖析了该问题本质的一部分,本节将通过作者参与构建 LaMOC 系统过程中的经验所得,从一个开发者的角度,全面地对位置信息在 LBSNS 中处理和使用的流程进行阐述。下面首先对 LaMOC 系统进行简要的介绍。

2.4.1 LaMOC 系统简介

LaMOC 系统由华东师范大学计算机应用研究所联合复旦大学媒体计算与 Web 智能研究团队、中国科学院上海技术物理研究所以及国外知名大学共同参与研究与开发,旨在实现一个具备可以随时、随地、为任何人、任何事提供各种移动信息服务（Anyone and Anything at Anywhere and Anytime,以下简称"4A 服务"）的移动计算协作服务平台。LaMOC 系统研究探索了移动计算环境中诸多前沿问题,包括 LBS 的中间件技术、上下文情景信息的获取与处理、上下文情景信息在有资源限制的移动设备上展示与存储、移动计算环境中的协作模式和隐私保护设计、基于图像的空间位置检索技术、伪卫星 3D 位置服务以及用户行为模式的挖掘与兴趣推荐等。

虽然 LaMOC 系统是以上下文情景感知为基础的移动应用,但其具备了位置感知能力、提供基于位置服务和支持群组协作等功能,与传统的 LBSNS 应用的交集是非常大的。因此在构建该系统的过程中,作者获取了大量宝贵的经验,对提出 LBSNS 位置隐私保护框架起到了至关重要的作用。

2.4.2 LaMOC 系统的隐私保护方式

在设计并实现 LaMOC 系统时,如何切实保护用户的隐私一直是其核心问题之一。在对 LBSNS 的位置隐私问题的理解和前人的研究工作的基础上,LaMOC 系统将对用户信息隐私保护的管理分为了三个模块,分别是登录管理模块、安全管理模块和信任管理模块（图 2-5）。登录管理模块负责管理

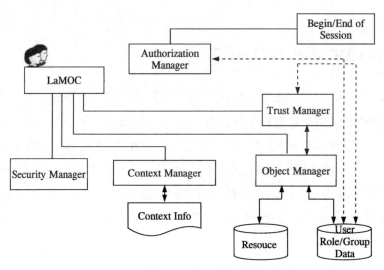

图 2-5 LaMOC 系统结构

每一个登录系统用户的有效性。安全管理模块不仅为每一个用户提供了一个安全的与系统通信的会话通道，保证了用户与系统之间以及分布在各处的子系统之间的通信安全，而且也保证了情景信息的存储与访问安全，这里的上下文情景信息包含用户的位置信息。信任管理模块保证了 LaMOC 系统运行在一个可信的计算环境中，为系统中模块与模块之间、用户与信息之间、用户与服务之间建立了完整的信任机制。当有服务对用户的信息进行请求时，它根据用户自定义的信息隐私策略，采用合适的信息存储与访问算法，对隐私信息进行处理后返回该服务请求。和位置相关的隐私保护机制正是在信任管理这一模块下的具体应用。

LaMOC 系统将位置隐私保护分为了两个部分：用户级和系统级。在用户级，LaMOC 系统提供给用户诸多可选择的位置隐私保护的策略，包括位置信息访问权限的控制和位置信息存储与访问的隐私级别设定。访问权限控制允许用户设定哪些用户可以访问其位置信息，哪些用户不可以访问。位置信息存储与访问隐私级别的设定则允许用户根据自己对隐私保护程度的不同需求，设定不同的隐私保护级别。在不同的保护级别下，原始信息在数据库中存储以及被使用时的粒度会有所不同。

在系统级，LaMOC 系统会针对用户设定的隐私保护策略采取相应的措施。例如，系统会根据用户设定的信息存储与访问的隐私级别，改变原始信息粒度。用户在进行时空查询时，针对不同的信息粒度，系统会使用不同的时空查询优化算法（图2-6）。

Level	Location	Temperature	Light	Sound	Humidity
0	No access	100°	No access	No access	No access
1	1 km	10°	10 cd	10 dB	10 g/m^3
2	400 m	1°	1 cd	1 dB	1 g/m^3
3	20 m	0.1°	0.1 cd	0.1 dB	0.1 g/m^3

图2-6　不同隐私级别下的信息粒度

2.4.3　LaMOC系统的经验

在构建LaMOC系统的过程中，不难发现，对位置信息的保护贯穿它的整个生命周期。从原始的位置信息被采集到的那一刻起，直至它在客户端被显示，在每个不同的阶段，保护它的策略以及使用它的方式都是不同的。

首先，需要明确LBSNS的位置隐私保护的目的。LBSNS的位置隐私保护与传统的基于位置服务中对位置信息的保护是不同的，前者保护位置信息的目的是防止用户的敏感位置被泄露，而后者则是防止用户的标识与敏感位置相联系。换言之，前者防止的是用户的家、办公场地等隐私地点被恶意攻击者所知晓，而后者则是防止用户去过医院等敏感地点的行为被他人掌握。二者之间保护目的的不同，也决定了二者在保护用户位置隐私时，位置信息被保护的方式和被使用方式都是不同的。因此，位置隐私模型不但决定了位置信息被保护的方式，而且影响着处理后的位置信息的后续使用方式。

其次，位置信息被使用的方式有两种，即实时的查询服务和对离线的数据挖掘。对于实时的查询服务，它又可以分为其他用户对用户位置信息的请求以及用户利用自身的位置信息进行的时空查询。对于"其他用户对用户位置信息的请求"，要求LBSNS应用能够提供用户足够的策略和机制，使用户能够控制个人信息的分享方式，帮助用户防范可能出现的风险。对于"用户利用自身的位置信息进行的时空查询"，当查询的用户所使用的位置信息并非其确切位置时，要求系统对不同查询情景下的查询技术进行优化，以保证查询的结果以及查询的质量。对离线的数据挖掘是位置信息被使用的另一种重要方式，我们曾利用 LaMOC 用户的行为记录发现他们的行为偏好，从而为用户提供个性化的服务。但是在使用这些记录进行知识发现的过程中，我们也发现这些数据集通常包含了许多用户的敏感信息，对其进行挖掘不仅能够发现他们的偏好，而且也可能发现他们的隐私。因此，采取适当的措施对数据集中位置信息等敏感信息进行处理，也有助于保护用户的隐私。

最后，位置信息被展示给用户的形式也可以起到保护位置隐私的作用。通常有两种保护方式：一种是使用区域形状标记用户的位置，其他用户只能知道用户所在的区域，而具体的位置则无法掌握；另一种是使用文字描述标记用户的位置，即不在地图上对用户位置进行标记，而是使用文字对用户位置进行描述，如使用用户所在的道路名称或者用户距离查询者的距离等描述方式。

从位置信息被采集和存储，到它在不同场景下被使用，直至它被展现给用户，用户和应用对位置信息在不同阶段的使用方式截然不同，使得不同场景下对位置信息的保护措施和手段都要有所区分。对它的保护需要贯穿始终，任何一个环节出现遗漏，都有可能对用户的隐私产生影响。这是构建 LaMOC 系统时的收获，也是本书提出建立 LBSNS 的位置隐私保护框架的基础。

2.5　LBSNS 位置隐私保护框架

在总结构建 LaMOC 系统过程中所得经验的基础上，根据现有基于位置的社交网络服务应用通常会涉及位置隐私保护的几个关键方面，本节提出了一个通用的 LBSNS 位置隐私保护框架（Generalized Location Privacy Protection Framework for LBSNS，以下简称"GLPPF"），整个框架的概览图如图 2-7 所示。该框架总体可以分为三个主要部分，分别是客户端、位置服务器和应用服务器。同传统的 LBSNS 应用直接从客户端采集位置信息不同，在 GLPPF 框架中，客户端负责采集位置数据，并且将它们更新至位置服务器。同时，客户端也会根据应用服务的逻辑将位置信息通过不同的形式进行展现；位置服务器是整个框架的核心，它负责对客户端更新的位置信息进行处理，包括甄别位置信息源的正确性、应用服务请求的真实性、管理用户的隐私策略以及通过位置隐私保护模型对位置信息进行建模与存储等；而应用服务器则根据相应的 LBSNS 应用逻辑需求，去获取用户的位置信息。

除了将位置信息一般的传递交互以及存储访问方式划分为三个主要部分负责外，GLPPF 框架还具有以下特点：

（1）用户与位置服务器以及位置服务器与应用服务器之间的交互是可信的。为了防止恶意攻击者非法获取用户的位置信息，在进行信息交互时，传递的信息都会经过加密，并且位置服务器都会对所有访问请求进行身份验证，从而保证交互的安全性。

（2）用户可控制的位置隐私保护机制。位置隐私保护的主导权在于用户，GLPPF 框架能够提供相关的位置隐私保护策略和模型，用户可以根据其实际情况决定位置分享的方式。

（3）系统平台和网络访问方式的独立性。GLPPF 框架并不针对特定的操作系统或者网络访问方式，只需要客户端、位置服务器和应用服务器之间可以在互联网环境下进行信息交互即可，它们之间通信的协议是跨平台的。

本章将对 GLPPF 框架的三个主要部分进行更加详细的描述。

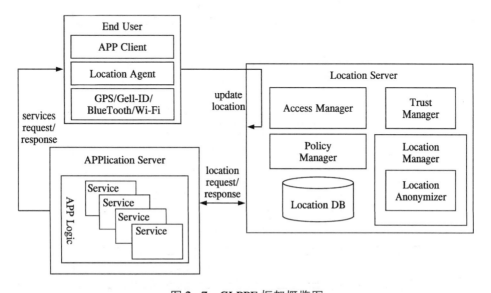

图 2-7 GLPPF 框架概览图

2.5.1 客户端

客户端根据不同的角色分工可以分为三个主要层次：通信层、位置获取层和应用逻辑层（图 2-8）。通信层是网络访问方式和网络协议独立的，因此客户端和位置服务器之间的信息交互使用简单对象访问协议（Simple Object Access Protocol，以下简称"SOAP"），它是一种轻量的、简单的、基于 XML 的跨平台协议，可以有效支持平台和网络访问的独立性。

位置获取层的工作内容是采集用户的位置信息。随着无线定位技术的发展，位置信息的获取方式也变得更加丰富。现有的 LBSNS 应用通常使用 GPS、无线网络、蓝牙或基站定位方式获取用户的位置信息，不同的获取手段所得到的信息准确度也是不同的。例如，使用 GPS 装置在实际使用过程中的精确度在几米至几十米之间，用户当前的活动地点可以被很方便地识别出来。而使用基站定位方式，其位置信息的精确度则可能在百米左右。

客户端的 Loaction Agent（以下简称"LA"）智能体负责采集用户的位置信息，并且将这些信息更新至位置服务器。为了保证客户端和位置服务器之间的通信安全，每个 LA 在初始时都被赋予了一对特定的公钥和私钥，私

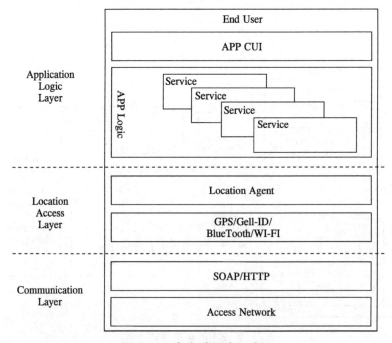

图 2-8 客户端层次示意图

钥由客户端的 LA 保存，而公钥则保存在位置服务器上。每当需要对位置信息进行更新时，LA 需要使用私钥对信息进行加密，位置服务器则使用公钥对加密后的信息进行解密，以此保证位置信息的安全性。

应用逻辑层则是相关 LBSNS 服务的逻辑在客户端的部署，它提供了各种服务访问的接口，并且能够通过不同方式将位置信息呈现给用户。

2.5.2 位置服务器

位置服务器是 GLPPF 框架的核心，它的作用不仅在于它是客户端和应用服务器之间位置信息传递的桥梁，还在于它保证了位置信息的存储与访问都处于一个可信与安全的计算环境下（图 2-9）。

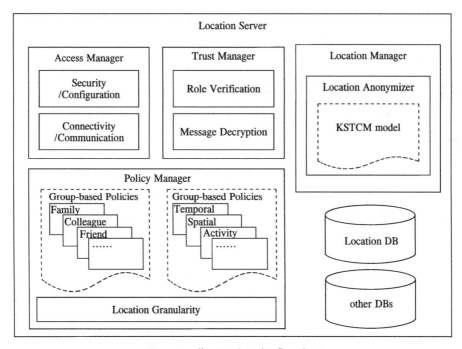

图 2-9　位置服务器组成示意图

（1）访问管理构件（Access Manager）。访问管理构件主要负责管理外部的访问连接以及保证通信的安全。它协调位置服务器访问的连接数，维护合适的运行配置，并对外部访问的会话进行管理。同时，它对外部的访问请求进行最初始的检查，包括访问请求信息的格式是否正确等。

（2）信任管理构件（Trust Manager）。当客户端和应用服务器在位置服务器上进行注册后，它们都会被单独分配一对和它们角色相对应的密钥，包括公钥和私钥。私钥存储在客户端和应用服务器，当它们和位置服务器进行信息交互时，信息的内容通过私钥进行加密。而公钥则存储在位置服务器，当有加密后的信息达到时，信任管理构件负责使用公钥对加密信息的内容进行解密。

（3）策略管理构件（Policy Manager）。策略管理构件负责管理用户设定的位置信息隐私保护级别。用户可以自定义不同的位置信息分享粒度，并将其与不同的LBSNS群组成员或者不同的情境上下文进行映射。GLPPF框架将位置信息粒度分为了两种主要形式，分别是几何形式的位置信息和术语形式的位置信息（图2-10）。其中，几何形式的位置信息主要包括三种：①精确的位置点，即从客户端原始采集的位置信息，主要以经纬度为主；②多线段位置信息，即一系列位置点构成的位置信息，如轨迹信息；③模糊区域位置信息，即通过位置隐私保护模型建模处理后的位置信息，以区域形式表示的位置信息。本书将围绕模糊区域位置信息以及它的应用效果进行更加详细的讨论。术语形式的位置信息则是通过语言进行描述的位置信息，如国家名称和城市名称等。

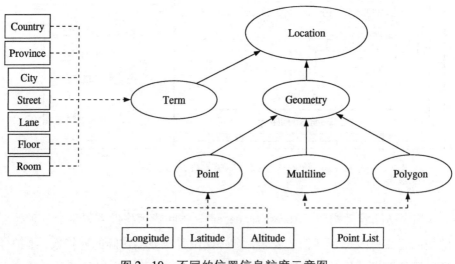

图2-10　不同的位置信息粒度示意图

针对不同的群组，用户可以设置其位置信息分享的粒度，如对于家庭群组中的成员，他们可以随时获取用户精确的位置信息；对于同事群组中的成员，他们只能够知道用户的区域位置；而对于陌生用户，他们只被允许知道用户所在的城市等。除了群组，在之前几节的分析中可以看出，用户所处的不同情境也会对用户分享位置信息产生影响。因此，GLPPF 框架提出了以下几种基本的情景上下文策略：①基于时间的位置信息分享策略，即用户自定义哪些时间段其他用户可以获取用户的位置信息；②基于特殊位置区域的位置信息分享策略，即当用户在一些特殊位置区域时，其他用户无法获取他们的位置信息；③基于活动的位置信息分享策略，即针对用户不同的活动状态，如工作或者娱乐，它们所对应位置信息分享粒度不同；④基于审计的位置信息分享策略，即以某个时间段内的访问位置信息的次数为基础，分享不同粒度的位置信息。

（4）位置信息管理构件（Location Manager）。位置信息管理构件在位置服务器中扮演着重要的角色。一方面，当客户端更新位置信息时，解密后的位置信息传递至位置信息管理构件，它根据客户端的标识，获取其所设定的位置隐私保护模型的参数，从而对位置信息进行建模后存储，以此保证位置信息隐私的安全。另一方面，当其他用户或者应用服务需要使用用户的位置信息时，它同样需要根据用户的位置隐私策略设置，返回不同粒度的位置信息。

同时，在 GLPPF 框架中，不同粒度的位置信息的存储方式是不同的。对于用户精确的位置点和多线段位置信息，仅在客户端保存最新的一次位置信息对象，而不会在位置服务器上记录它们的历史。用户的位置历史则会经过位置隐私保护模型处理后，在位置服务器进行存储。在保证位置信息隐私安全的同时，也能够支持 LBSNS 应用个性化的服务。本书将在第三章对相关位置隐私保护模型进行更加详细的描述。

2.5.3 应用服务器

应用服务器主要负责部署相关的 LBSNS 服务的逻辑（图 2-11）。当客户端部署的应用服务逻辑需要调用位置相关的服务时，客户端会发送一条服务请求至位置服务器，位置服务器则需要根据该请求向位置服务器要求获取相应的位置信息，并将其返回至客户端。此外，根据本章节中对于构建

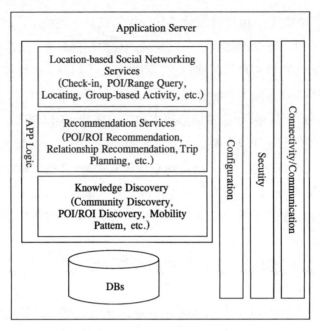

图 2-11　应用服务器构成

LaMOC 系统过程中的经验所得，可将传统的 LBSNS 服务分为三种：实时的基于位置的服务、推荐服务，以及离线的知识发现服务。对于前两者，它包括了典型的 LBSNS 服务，如内容分享、兴趣推荐以及好友定位等。而知识发现服务则通过对位置历史进行数据挖掘，发现有意义的知识，从而更好地支持诸如推荐服务等 LBSNS 的个性化服务。

2.6　小结

本章对 LBSNS 位置隐私问题进行了深入探索与分析。首先，通过对 LBSNS 位置隐私的五个关键问题的问与答，结合社会学和心理学的理论，给出了本书对 LBSNS 位置隐私问题的理解。可以看出，用户确实存在分享位置信息的需求，而 LBSNS 能够有效促进人与人之间的沟通交流。但是另一方面，隐私泄露风险也存在于大多数的 LBSNS 应用中。如何权衡分享位置信息的利与弊，是每一个 LBSNS 应用需要解决的问题。

其次，本章也对一个 LBSNS 应用的具体案例——贝多进行了研究，总结了三类在使用该类应用时可能引起用户信息隐私泄露的因素，并提出了三种与之相对应的关键保护机制。本书认为,任何 LBSNS 应用都必须至少为其用户提供一种关键保护机制,以保证用户可以灵活控制自己的位置信息分享方式,降低潜在风险的发生几率。

最后,本章通过分享作者在参与构建的基于位置服务的协同应用系统过程中的经验所得,并在总结前人工作的基础上,提出了一个通用的 LBSNS 位置隐私保护框架——GLPPF 框架。该框架的平台和网络访问方式是独立的,能够允许用户设定多种位置隐私保护策略,并提供相应的位置隐私保护模型,通过和不同的位置信息粒度进行结合,从而保证了用户的位置隐私的安全性。

第三章 基于位置的社交网络服务的位置隐私保护模型

3.1 概述

位置信息在 LBSNS 中具有非常重要的作用，除了支持实时服务外，通过离线分析用户的位置历史，不仅能够标识用户的兴趣点，预测用户移动行为，而且可以发现新的社群，为用户推荐新的社交关系。随着 LBSNS 的发展，位置隐私问题逐渐得到越来越多人的关注。传统的位置信息包含了用户的标识、精确的位置坐标点以及时间戳等用户的敏感信息。记录这些位置信息的历史虽然能够很好地支持 LBSNS 的知识发现和推荐服务，但是用户也面临着隐私泄露的风险。一些 LBSNS 应用面对这些问题时也表现出了两种截然不同的态度，谷歌纵横和路普特宣称仅保留用户最近一次的位置信息，而不会记录用户的位置历史；而四方和格瓦拉则继续保留用户精确的位置历史。显然，如何采取合适的位置隐私保护方式保护用户位置历史，平衡位置隐私保护和 LBSNS 服务质量之间的关系，已经成为了需要迫切解决的一个问题。

事实上，自从 LBS 的概念被提出后，位置隐私的保护问题一直是学术界的研究热点，国内外研究工作者也提出了包括假标识和位置、时空匿名和位置 K 匿名模型等位置隐私保护模型。但是，LBSNS 作为 LBS 中的一个特殊子类，它对位置信息隐私保护的需求也与之不同，主要体现在以下三个方面：

（1）从保护的目的来看，传统 LBS 位置隐私保护模型的目的是使得攻击者无法通过位置信息对用户进行唯一标识,换言之,即使攻击者掌握了某些位置信息,但是也无法知道究竟是哪个用户在这些位置使用了服务。与之不同的是,对于 LBSNS 用户的位置信息的保护,它并不是要将用户标识与位置信息进行彻底剥离,因为一旦过度保护,一些 LBSNS 的个性化服务就势必无法实现。LBSNS 位置隐私保护模型的真正目的是防止用户的敏感隐私地点(如用户的家)的确切位置被那些可能具有恶意的攻击者或者第三方服务提供者所掌握。简而言之,LBS 隐私模型是对用户标识进行匿名,而 LBSNS 隐私模型则是对敏感位置进行匿名。

(2)从使用的角度来看,位置信息在 LBSNS 中既是实时性服务的基础,又能够通过记录它的历史,在离线知识发现方面为 LBSNS 个性化服务提供支持。而传统的 LBS 位置隐私模型大多仅从实时性方面进行考虑,即把每一次对位置信息的模糊化都看作了一个孤立的事件。当 LBSNS 应用将位置信息进行存储时,如果使用传统的 LBS 位置隐私模型,就可能存在用户敏感位置信息被泄露的风险。

(3)从位置信息表示形式来看,传统 LBS 服务中的位置信息仅包含用户标识、经纬度坐标和时间戳三种属性,而在 LBSNS 应用记录的位置信息中,除了上述三种属性外,还包括了该位置信息对应的兴趣点标识属性。该标识相当于该位置对应的类型标签的索引,有利于 LBSNS 应用对用户偏好等知识的发现。因此,对于 LBSNS 中位置隐私的保护,不仅需要对其时空属性进行匿名处理,而且还需要考虑相关兴趣点标识的匿名方法。

针对上述问题,本书提出了一种改进的 K 匿名位置隐私保护模型(Modified K-anonymous Spatial-Temporal Cloaking Model,以下简称"KSTCM"),该模型是 GLPPF 框架下位置隐私保护的核心,其主要思想是在时间和空间两个维度中找到与目标位置信息对象最相近的其他 K-1 个位置信息对象,通过降低它们的信息粒度,使得它们彼此之间无法在时间和空间这两个维度上进行区分,以此达到保护用户敏感位置隐私的目的。同时,本章提出了两种使传统 K 匿名位置保护模型失效的敏感位置攻击模型,分别是外部联合攻击模型(External Joint Attack,以下简称"EJA")和位置重叠攻击模型(Location Overlapping Attack,以下简称"LOA"),同时提出了 KSTCM 模型的解决方法。

此外,针对离线存储的位置历史保护和实时更新的匿名位置,本章分别提出了一个时空 K 最近邻匿名算法（Modified KNN Spatial-Temporal Anonymizing Algorithm，以下简称"MKSTA"）和一个匿名位置更新算法（Anonymized Location Update Algorithm，以下简称"ALUA"）。MKSTA 算法不仅能够有效防范 EJA 攻击和 LOA 攻击（本章 3.3 中将详细介绍），而且能够保证被保护的位置信息对象在时间和空间维度上的匿名范围最小，从而使得 LBSNS 应用在使用这些匿名后的位置信息时，能够获得相对最佳的服务质量；而 ALUA 算法则能够快速地对位置信息进行满足 KSTCM 模型要求的更新。实验结果也显示了两种算法都具有很高的效率。

虽然 KSTCM 模型能够起到保护用户历史位置隐私的作用，但是它也面对着许多挑战。例如，K 值以及时空阈值的大小都直接影响着 KSTCM 模型的保护效果。本章也围绕这些因素对 KSTCM 模型的影响，以及 KSTCM 模型与精确位置信息之间的差异进行了更加深入的讨论。

3.2 相关工作

对位置隐私的研究开始于基于位置的服务。早期的研究工作者们提出的位置隐私保护方法包括隐藏标识、假位置、空间匿名和时空匿名。隐藏标识是指在用户进行时空查询时，将标记用户身份的标识抹去，取而代之的是一个假身份。假位置是指用一个假的位置（哑元）代替用户的真实位置。这种保护方式的效果和假位置与真实位置的距离有关，距离越远，保护效果越好。反之，距离越近，则保护效果越差。空间匿名是一种较为常用的位置隐私保护手段，它是指使用一块覆盖用户当前位置坐标点的空间区域来表示用户的位置，即通过降低位置信息的粒度，达到保护用户位置隐私的目的。空间匿名采用的空间区域的形状多为圆形和矩形。时空匿名在空间匿名的基础上，通过延迟服务响应的时间保护用户的位置隐私。它的原理是在延迟的这段时间中，用户周围可能出现更多的其他用户，并有更多的查询请求，从而使攻击者获取用户位置的难度增加。

但是，无论是空间匿名，还是时空匿名，它们在定义匿名区域的范围时都缺乏一个标准。显然匿名区域的大小决定了查询的精确程度和隐私保护的效果。K 匿名位置模型则为确定匿名区域的范围提供标准。K 匿名位置模型最早被用于关系型数据库的数据隐私保护中，它指一条数据表示的个人信息至少与其他 K-1 条数据无法区分。格鲁特斯尔等人首次将 K 匿名模型用于位置的隐私保护中，它指用户的位置信息至少与其他 K-1 个用户的位置信息无法区分，满足 K 匿名条件的 K 个用户的位置信息则使用覆盖他们位置的矩形区域表示，而 K 的大小决定了 K 匿名位置模型的隐私保护效果。随后，基于 K 匿名的位置隐私保护模型被广泛应用于各种基于位置的服务领域。胡海波等人讨论了匿名位置和敏感事件记录进行交叉映射后可能出现的位置隐私泄露问题，提出了同时在位置数据表和敏感事件数据表中对原始位置信息进行匿名的方法。克里希纳马查里等人定义了位置隐私攻击模型，并针对敏感位置提出了基于赫尔伯特曲线的 K 匿名位置隐私保护模型。

除了对坐标点形式位置的隐私进行研究，也有许多学者对移动对象连续的位置信息，即时空轨迹信息也提出了相应的隐私保护方法。假时空轨迹的原理是在记录用户真实时空轨迹信息的同时，生成一系列假位置。这些假位置形成了另外若干个假的时空轨迹，而真的时空轨迹则安全地隐藏在这些假轨迹中，由此提高了攻击者的识别难度，从而起到保护用户隐私的作用。假时空轨迹的保护效果可以通过其与真实时空轨迹之间可区分程度进行估计。K 匿名模型同样也可以用于时空轨迹的保护。纳齐兹等人将 K 条相似的时空轨迹分为若干个剖面，在每一个剖面都使用一个矩形区域将这 K 条时空轨迹所涉及的坐标点覆盖，以此形成一个基于矩形位置序列构成的时空轨迹，从而达到保护隐私的目的。和纳齐兹等人的思想相似，阿布尔等人采用聚类的方式，在每个剖面用一个圆形区域将 K 条时空轨迹所涉及的坐标点覆盖，最后将所有圆形区域的中心点取出，形成一条新的时空轨迹。

KSTCM 模型是在 K 匿名位置模型的基础之上提出的，但是 KSTCM 模型与它们不同之处在于：①KSTCM 模型主要是针对 LBSNS 位置历史的隐私保护提出的。上一章已经讨论了位置信息在 LBSNS 中的使用可以分为实时和离线两种情景。过去的位置隐私保护模型大多针对实时的位置信息保护，欠缺对离线状态的位置历史存储方式的考虑。②KSTCM 模型并不对用户的标识进行匿名建模，即只有位置信息中的时间、空间和语义标记属性与其他 K-1 条数据无法区分。这么做的主要原因在于，如果对用户标识进行匿名，则较难通过 KSTCM 保护后的位置信息发现特定用户在使用 LBSNS 个性化服务中的潜在知识。③KSTCM 模型对位置信息在时空维度上进行最近邻比较，而传统的位置 K 匿名模型仅考虑空间维度。④KSTCM 模型对模糊后的位置信息失去语义标识的情况也提出了相应的解决方法，而其他模型则没有在这方面做出研究。

3.3 敏感位置攻击模型

在 LBSNS 中，一条位置信息可以表示为以下形式：

$$< Uid, t, < x, y >, Lid >$$

其中，Uid 是用户的标识号，t 是时间戳，$< x, y >$ 是经纬度坐标，Lid 是该位置点（兴趣点）的标识号，通过 Lid 可以获取到该位置信息所对应地点的名字、地址和类型等其他信息。由于典型的位置信息包含了用户的标识和其时空信息，因而很容易将用户的隐私泄露出去。

传统的 LBS 攻击模型是指通过发现位置隐私保护模型的内在缺陷，从而挖掘出用户身份标识，使得相关保护模型失效的攻击方法的一种统称。常见的 LBS 攻击模型包括连接攻击模型和连续查询攻击模型。但与上述 LBS 攻击模型不同的是，LBSNS 攻击模型的目的是获取用户的敏感位置，而非用户的身份标识。本节提出了两种针对 LBSNS 的敏感位置攻击模型，分别是外部联合攻击模型和位置重叠攻击。

3.3.1 外部联合攻击模型

外部联合攻击模型是指通过将被保护后的位置信息记录中的兴趣点进行标识或者兴趣点类型和相关的黄页数据表进行连接操作，以此获取用户敏感位置的攻击方式。以图 3-1 为例，图 3-1(a)是经过 K 匿名位置模型（K=4）保护后的位置信息记录，表中每列依次表示用户标识、时间间隔、模糊区域和位置类型。其中，位置类型是指原始位置信息中相应兴趣点的类型，如"饭店"和"家"等。从直观角度上看，图 3-1（a）已经满足了位置隐私保护的要求，攻击者无法通过该记录直接发现用户的敏感位置。但是，如果攻击者掌握了黄页数据表，如图 3-1（b）所示，那么一旦当模糊区域中的位置类型并不丰富，甚至某个类型仅存在一处时，那么用户的敏感位置就有可能被发现。图 3-1（c）显示了在模糊区域中，仅包含一处位置类型是 $Ltype_1$ 的地点，在这种情况下，位置隐私保护模型已经失效。

u_1	TInterval	Rectangle	$Ltype_1$
u_2	TInterval	Rectangle	$Ltype_2$
u_3	TInterval	Rectangle	$Ltype_2$
u_4	TInterval	Rectangle	$Ltype_2$

(a)

Lid_1	$Point_1$	$Ltype_1$
Lid_2	$Point_2$	$Ltype_2$
Lid_3	$Point_3$	$Ltype_3$

(b)

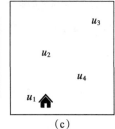

(c)

图 3-1 外部联合攻击模型示例

（a）经过 K 匿名模型（K=4）保护后的位置信息；（b）黄页数据表；（c）被保护的位置信息在空间中的实际位置

假设，$L_i = <Uid, TI, R, Lid>$ 或 $L_i = <Uid, TI, R, Ltype>$ 表示一条被 K 匿名位置模型保护后的 LBSNS 位置信息，$L = \{L_0, \ldots, L_n\}$ 表示被保护的位置信息的集合，$P = \{P_0, \ldots, P_m\}$ 表示黄页兴趣点的集合，$ST\_Contain$（A，B）表示空间对象 A 包含空间对象 B，那么外部联合攻击模型的结果可以用以下时空数据库查询得到（图 3-2）。

$L_i = <Uid, TI, R, Lid>$：
Select P.Point
From L, P
Where L.Lid = P.lid

$L_i = <Uid, TI, R, Ltype>$：
Select P.Point
From（Select L.Rectangle, L.*Ltype*
　　From L
　　Where count（L.*Ltype*=1）) as tempL, P
Where ST_Contian（tempL.Rectangle, P.Point）and tempL.*Ltype* = P.*Ltype*

图 3-2 外部联合攻击模型

为了防御外部联合攻击模型，可以将兴趣点标识或者类型从被保护的位置信息中删除，但是这么做的缺点是丢失了位置信息的语义，从而使得 LBSNS 应用无法发现用户的偏好，降低了推荐服务的质量，同时有可能使用户的使用体验得不到满足。另一种更好的方法是对兴趣点标识或者类型也进行一定程度的模糊，虽然降低了它的信息粒度，但是由此也保留了发现用户偏好的可能。

3.3.2 位置重叠攻击模型

传统 K 匿名位置模型将用户的每次查询都看作是一个孤立的事件，即每次用户进行位置更新时，它都会重新计算位置信息所对应的模糊区域。换言之，对于两个具有同一位置、不同时间戳的位置信息，它们模糊后的区域可能是不同的。当这些被保护的位置信息被存储时，这种做法就有可能造成用户敏感位置信息的泄露。

以图 3-3 为例，用户在不同时间对敏感位置 A 进行了两次访问，并都对其他四个位置信息进行了模糊处理。如果将两次模糊的结果分开看，那么每一次都能使得用户的位置隐私得到保护。但是当将这两次模糊后得到的区域在空间上进行重叠时，可以发现用户的敏感位置 A 可以被限定在一个极小的范围内，由此就有可能泄露用户的敏感位置隐私。随着用户对同一位置的访问次数的增多，使用位置重叠攻击模型得到用户该敏感位置的可能性也在不断增大。而在极端情况下，用户的敏感位置甚至只需要通过一次空间重叠就能够被发现。很显然，传统的 K 匿名位置模型无法很好地对 LBSNS 的位置历史进行保护。

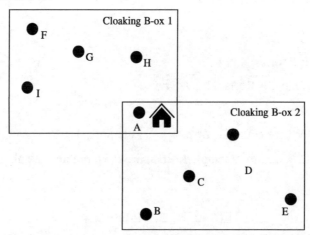

图 3-3 位置重叠攻击模型

假设 $L_{ui} = \{L_1^a, \ldots, L_m^a\}$ 表示用户 ui 在敏感位置 a 的被保护位置信息集合，

$Geometry(L_i)$ 表示位置信息 L_i 的空间对象，它可以是一个点（Point）或者一个多边形区域（Polygon），$ST\_Intersection$（A，B）表示空间对象 A 与空间对象 B 在空间上的交集，位置重叠模型的攻击算法伪代码如图 3-4 所示。

```
Algorithm Location Overlapping Attack
Input：
    L_ui = {L_1^a, ..., L_m^a}
Output：
    Geometry(L^a)
Algorithm：
1: begin
2: Geometry(L^a) = L_1^a;
3: for each L_i^a in L_ui do
4:     Geometry(L^a) = ST_Intersection(Geometry(L^a), Geometry(L_i^a));
5: end for
6: return Geometry(L^a);
7: end
```

图 3-4 LOA 攻击算法伪代码

3.4 改进的 K 匿名位置隐私保护模型

总结以上几个小节的描述，对于 LBSNS 位置隐私的保护，特别是对离线的位置历史的保护，应该满足以下要求：

（1）对位置信息的时间、空间以及语义标记都需要进行保护。在时间和空间维度上对其进行保护，可以使恶意攻击者无法轻易发现用户敏感位置的确切所在。而对语义标记也进行保护，则可以防范攻击者通过 EJA 模型进行攻击，从而获取敏感位置。

（2）对于同一用户在相同敏感位置不同时间所更新的位置信息，在空间和语义标记维度上都应该尽量保持一致，由此才能确保敏感位置不能通过 LOA 模型被获取到。换言之，无论是对静态的已经存储的位置历史，还是对动态的即将更新的位置信息，都需要提出相应的解决方法。

为了满足以上要求，本书提出了一个改进的K匿名位置隐私保护模型，即KSTCM模型。KSTCM模型对时空K匿名位置模型进行了扩展，它以K匿名位置模型为基础，但是它不严格要求每个位置信息都必须和其他至少K-1个位置信息相区分，只是尽量保证K匿名的条件。这主要是因为在实际应用中，严格的K匿名条件经常难以达到。除此之外，为了防范LOA模型的攻击，保证相同用户的具有同一位置坐标的位置信息对象在空间和语义标记维度上相一致，K匿名的条件也可能在建模过程中失效。除了对位置信息采用了灵活的匿名条件和模糊保护方式外，KSTCM模型在匿名过程中，将被保护的位置信息与其他干扰位置信息在时间和空间维度上进行了相似度比较，从而得到更小的时空匿名框，提高了匿名服务的质量。以下将对相关概念进行正式的定义。

定义 3.1 K匿名位置模型 给定一个包含若干数据对象的数据表 T ($A_1, \dots A_n$)，A_i 表示记录的属性。如果存在一个属性集合 $\{A_i, \dots, A_j\} \subseteq \{A_1, \dots, A_n\}$，使得数据表中的任意一个记录 $t \in T$，都能在 $\{A_i, \dots, A_j\}$ 属性维度上至少找到 K-1 条其他记录与它无法区分，那么则称数据表 T 在 $\{A_i, \dots, A_j\}$ 维度上满足 K 匿名。

一般而言，为了满足 K 匿名要求，必须要对记录的原始属性值进行调整。以时间属性为例，假设记录 A 与记录 B 的原始时间属性值为 t_a 和 t_b，那么为了满足 K 为 2 的匿名条件，A 与 B 的时间属性值需要修改为一个覆盖 t_a 和 t_b 的时间间隔对象 TI (t_a, t_b)。本书将这种为了达到匿名条件，而将属性值的信息粒度进行降低的方法称为泛化（Generalization）。

定义 3.2 改进的时空 K 匿名位置模型 给定一个原始位置信息集合 $L = \{L_1, \dots, L_n\}$，对于任意一个 $L = <u_i, t, <x, y>, lid>$，它都被泛化为 "$<u_i, [(x_{\min}, y_{\min}), (x_{\max}, y_{\max})]_i, TI_i, A_i>$" 的形式。其中，$u_i$ 是用户标识，$[(x_{\min}, y_{\min}), (x_{\max}, y_{\max})]_i$ 表示一个空间矩形左下角和右上角，TI_i 是一个时间间隔对象，A_i 是语义标识集合。假设 L 可以划分为若干个互不相交的子集，并且对于其中任意一个子集 L'，它都满足以下几个条件：

（1）集合中元素的数量大于等于 1，并且小于等于 K。

（2）如果集合中元素数量大于 1，那么任意两个元素的用户标识都不相等。

（3）如果集合中元素数量大于1，那么任意一个元素都无法和其他元素在时间、空间和语义标识维度上进行区分。

若满足以上条件，则称 L 是满足改进的时空 K 匿名模型的集合，L' 是集合 L 中的一个匿名子集。

不难看出，KSTCM 模型首先在对 K 值的要求上没有传统 K 匿名位置模型严格，因为为了保证同一用户具有相同敏感位置的位置信息在泛化后，能够在空间维度上保持一致，那么该位置信息在泛化的过程中，可能就无法满足 K 匿名的条件。以图 3-5 为例，L1、L2 和 L3 分别为时间段 TI1 内的三条用户位置信息，并且它们分别属于不同的用户，因此它们能够构成一个匿名值为 3 的匿名子集 AS1。另一个时间段 TI2 内，和 L1 同属一个用户，并且空间属性相同的位置信息 L4 则可以和 L5 以及 L6 构成一个匿名子集 AS2。很显然，虽然两个子集分别都能满足匿名要求，但是在 LOA 攻击下就会失效。因而根据 KSTCM 模型要求，此时的 L4 必须和 L1 在空间维度上相一致，那么就必须把 AS2 中元素进行重新泛化。如果在时间段 TI2 内不存在其他可以和 L4、L5 或者 L6 构成匿名子集的位置信息，那么 AS2 就可能被切分并重新泛化为 AS3 和 AS4 两个匿名子集。而此时，无论 AS3 还是 AS4 都无法满足匿名值为 3 的条件。因此，对于 LBSNS 位置隐私的保护，泛化标准需要更加灵活。

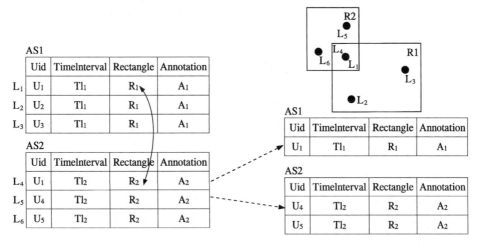

图 3-5 K 匿名条件失效

3.5 KSTCM 模型建模算法

本节针对 KSTCM 模型在离线情况下对位置历史的匿名保护以及实时情况下对匿名位置更新的两种场景，分别提出了一个时空 K 最邻近匿名算法（Modified KNN Spatial-Temporal Anonymizing Algorithm，以下简称"MKSTA 算法"）和一个匿名位置更新算法（Anonymized Location Update Algorithm，以下简称"ALUA 算法"）。

3.5.1 时空相似度

对于 KSTCM 模型匿名子集中的位置信息选择，除了互相空间距离影响着匿名保护效果外，时间因素也同样不可忽略。而且被保护的位置信息对象与其他干扰位置信息对象在时间维度和空间维度上距离越近，那么它们构成的匿名组不仅能够对这些位置信息起到保护作用，还能在使用这些被保护后的位置信息时，得到比较好的服务质量。为了满足这种要求，需要在空间和时间维度上对位置信息之间的相似性提出度量的方法。

对于位置信息之间在时间维度上的相似度，它可以由公式（3-1）得到，计算公式为

$$sim_{t_a,t_b}=\frac{\|t_a-t_b\|}{\theta} \tag{3-1}$$

其中，t_a 和 t_b 分别表示位置信息 a 和 b 为时间戳；θ 是 KSTCM 模型的时间阈值（分钟）。

公式（3-2）则描述了位置信息之间在空间维度上的相似度。

$$sim_{s_a,s_b}=\frac{\|<x_a,y_a>-<x_b,y_b>\|}{\delta} \tag{3-2}$$

其中，$<x_a,y_a>$ 和 $<x_b,y_b>$ 分别表示位置信息 a 和 b 的位置，δ 是 KSTCM 模型的空间阈值。

相应地，两个位置信息之间的相似度则可以通过它们在时间维度上的相似度和空间维度上的相似度联合计算得到。当然，如果 LBSNS 应用对时间维度或者空间维度有特殊要求，那么可以在计算相似度的时候对这两个维度加入权值，计算公式为

$$sim_{l_a,l_b}=1-w_t*sim_{t_a,t_b}-w_s*sim_{s_a,s_b} \tag{3-3}$$

在默认情况下,计算两个位置信息间相似度时,时间维度和空间维度的权值都为0.5。本章也将对时间权值和空间权值的不同大小对 KSTCM 模型的匿名效果的影响进行评估。

3.5.2 语义标记泛化

通过位置信息中兴趣点的标识,LBSNS 应用能够知道该兴趣点的名称和类型标签等,并以此发现用户访问地点的偏好,为相关的个性化推荐服务提供了支持。但是通过本章第3.3.1小节的分析可以看出,在对位置历史进行匿名保护时,如果不对位置信息的兴趣点标识进行泛化,那么用户的敏感位置就有可能通过 EJA 模型被获取到。因此,在对位置信息进行时空泛化的同时,也必须对对应的兴趣点标识进行泛化。这里将 KSTCM 模型中兴趣点标识泛化后的属性称为语义标记。

本节列举了两种语义标记获取的方法:一种是基于兴趣点标识合并的方法,即合并匿名子集中所有的兴趣点标识对应的类型标签作为语义标记;另一种是基于空间区域对象类型的方法,即将泛化后的空间区域与时空数据库中区域对象作比较,如果两者在空间位置上具有包含或者相交的特性,那么该区域对象所属的类型则作为语义标记(图3-6)。这两种方法各有其优缺点。

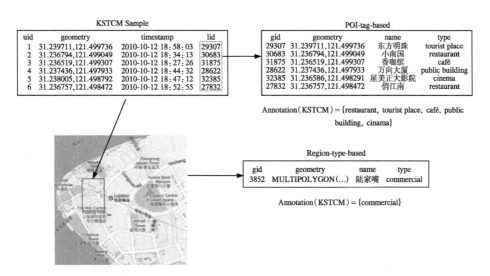

图3-6 两种获取语义标记的方法

第一种方法的优点在于语义标记较为详细。如果匿名子集中包含的 K 个位置信息的兴趣点标识所对应的类型标签都较为相似，那么就能够对该位置信息匿名后的空间区域进行比较准确的语义标记，有利于 LBSNS 应用的知识发现。而它的缺点在于如果包含的兴趣点标识数量比较多，并且互相之间差别很大，那么语义标记的准确性就会下降。由此可见，第一种方法获取的语义标记的准确性和 KSTCM 模型的空间区域范围以及所包含兴趣点标记的种类等息息相关。

第二种方法的优点在于能够比较清楚地对 KSTCM 模型进行语义标记。但是，它的缺点也在于由于空间数据库中对区域对象的类型描述比较简单（表3-1），因此所获取的语义标记都较为笼统和宽泛，没有第一种方法获取的语义标记详细。

表3-1 空间区域对象的类型标记

标记类型（Type）	标记名称（Name）	示例备注（Example & Description）
Forest/Greenfield	绿色区域	森林、绿化带、大型公园
Farmland/Vineyard	农业用地	田野、种植区
Industrial	工业区	工厂
Commercial/Retail	商业区	购物广场、商圈
Residential	生活区	住宅小区、学校

假设 Annotation = $\{a_n, \ldots, a_m\}$ 是标记的集合，$Rec = \{Rec_o^a, \ldots, Rec_n^a\}$ 是空间数据库区域对象集合，其中每一个对象都有其对应的标记 a_j。若用 $R(L_i)$ 表示位置信息 L_i 匿名后的空间矩形对象，则基于空间区域对象类型的 KSTCM 模型语义标记的获取步骤如下：

Step 1：对于空间数据库中多边形对象集合 Rec 中的任意一个空间对象 Rec_i^a，若 $ST\_Intersection(R(L_i), Rec_i^a) \vee ST\_Contain(Rec_i^a, R(L_i))$，则 $R(L_i)$ 的语义标记 $A(L_i) = a_j$。

Step 2：若存在一个集合 $Rec' = \{Rec_m^a, \ldots, Rec_n^a\}$，并且 $Rec' \subset Rec$。如果对 Rec' 中任意一个元素 Rec_i^a 都有 $ST\_Contain(R(L_i), Rec_i^a)$，则 $A(L_i) = \{a_i, \ldots, a_j\}$，其中 $\{a_i, \ldots, a_j\}$ 是 Rec' 中元素所包含标记的集合。

Step 3: 如果以上两种情况都不存在，则找到距离 $R(L_i)$ 最近的空间对象 Rec_i^a 或空间对象集合 $Rec' = \{Rec_m^a, ..., Rec_n^a\}$，将 $R(L_i)$ 的语义标记为 $A(L_i) = a_i$ 或 $A(L_i) = \{a_i, ..., a_j\}$。

在实际应用中，当需要保护的位置信息无法找到至少一个能够与其构成匿名子集的其他位置信息时，对于该位置信息的语义标记泛化可采用基于空间区域对象类型的 KSTCM 模型语义标记的获取方法。而当一个位置信息可以和至少一个其他位置信息构成匿名子集时，则可以采用基于兴趣点标识所对应的语义标记合并的方法。

3.5.3 MKSTA 算法

MKSTA 算法的目的是对离线状态下的 LBSNS 位置历史实施基于 KSTCM 模型的保护。它的基本思想是对于位置历史中任意一条位置信息 $L_i = <u_i, x_i, y_i, t_i, lid_i>$，在一定的时间阈值和空间阈值范围内，找到其他位置信息集合 L'，并且对于其中每一条 $L_j = <u_j, x_j, y_j, t_j, lid_j>$，保证 $u_i \neq u_j$。将 L' 中所有对象和 L_i 在时间和空间维度上进行相似度比较，找到与 L_i 相似程度最高的 K-1 个对象，对它们在时间、空间和语义标记维度上进行泛化，构成匿名子集 AS。同时，对于每一个用户，他的所有位置信息中包含的兴趣点标识都被存入一个结构为 $<u_j, <lid, <region, annotation>>>$ 的哈希表 H_{lid} 中，该表的作用是判断该用户是否在该位置已经存在匿名的位置区域 R_{i-1}。对于匿名子集中的每一条数据 $AL_i = <u_j, R_i, TI_i, A_i>$，如果存在 AL_i' 与其原始的兴趣点标识相同，那么将 AL_i' 的匿名空间区域 $R(AL_i')$ 与新的匿名空间区域 $R(AL_i)$ 进行对比，将区域面积较小的作为该位置对应的空间区域，同时对语义标记属性进行相应的修改。如果不存在，则更新对应的哈希表。MKSTA 算法的伪代码见图 3-7。

以图 3-8 为例，描述 MKSTA 算法的执行过程。如图 3-8（a）所示，假设存在可构成匿名子集（K=3）的三条位置信息 L1、L2 和 L3，并且三者对应的敏感位置都未被匿名保护过，那么根据 MKSTA 算法，首先对它们在时间、空间和语义标记维度进行泛化处理，泛化后的匿名子集表示为 AS（L1, L2, L3）。同时，对于 L1、L2 和 L3 对应的三个用户标识 1、2 和 3，更新对应的哈希表 H_{lid}。在下一个时刻，假设对位置信息 L4 进行匿名时，可以和它组成匿名子集的位置信息有 L5 和 L6，此时首先对 L4、L5 和 L6 进行泛化，泛化后的匿名子集 AS（$L4, L5, L6$）如图 3-8（b）所示。此时因为 $L4$ 对应的用户 1 已经在该位置有过匿名记录，所以 MKSTA 算法会将 R（P1，P2，P3）和 R（P1，P2，P4）进行比较。如果前者比较小，那么就需要对 AS（$L4, L5, L6$）进行重新泛化，泛化后变为两个匿名子集，分别是 AS（$L4, L5$）和 AS（$L6$）。

Algorithm Modified KNN Spatial-Temporal Anonymizing

Input：

  $L=\{L_0,\ldots,L_n\}$：location history dataset，$L_i = <u_i, x_i, y_i, t_i, lid_i>$：target location；

Output：

  AS（L_i）：anonymized set of L_i；

Algorithm：

1: begin
2: $L' = L$.extractCandidateAS（L_i）；//order by timestamp and distance；
3: if $|L'| >= K-1$ then
4: foreach L_j in L' do
5:   computeSimilairty（L_i, L_j）； // fomular 3-3
6: AS（L_i）=L_i. generalization（L_i, L_i. getNeiborhood（ ））；
7: foreach AL_i in AS（L_i） do
8:   if lid（L_i） is in u_i's lid_list in H_{lid} then
9:    compar e（R（AL_i），R（AL_i'））；
10:   else
11:    H_{lid}.put（u_i，（$L_i.lid$，（R（AL_i'），A（AL_i'））））；
12: return AS（L_i）；
13: else if $|L'| > 1$ && $|L'| < k-1$ then
14: AS（L_i）=L_i. generalization（L_i, L_i.getNeiborhood（ ））；
15: foreach AL_i in AS（L_i） do
16:   if lid（L_i） is in u_i's lid_list in H_{lid} then
17:    compare（R（AL_i），R（AL_i'））；
18:   else
19:    H_{lid} .put（u_i，（$L_i.lid$，（R（AL_i），A（AL_i））））；

20:　　return AS(L_i);
21: else
22:　　AS(L_i)=L_i.generalization(L_i,δ,θ);
23:　　H_{lid}.put(u_i,(L_i.lid,($R(AL_i)$, $A(AL_i)$)));
24:　　return AS(L_i);

图 3-7　MKSTA 算法伪代码

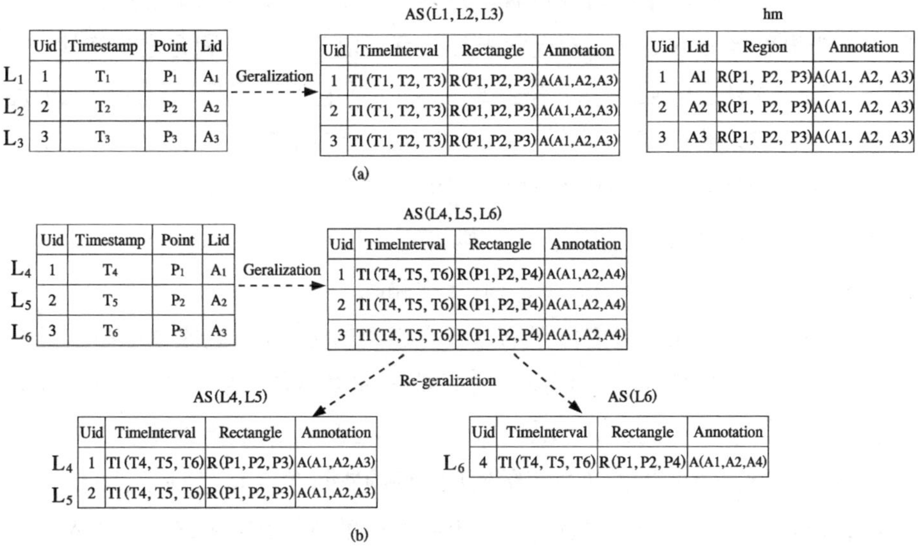

图 3-8　MKSTA 示例

3.5.4 ALUA 算法

ALUA 算法的目的是对实时状态下更新的位置信息进行保护。该算法在第 2.5 节中提出的 GLPPF 框架下的位置服务器中维持一个存储所有用户即时更新的位置信息队列 Q_L，一个所有即时的位置信息的时空索引 I_L，一张可匿名图（Anonymousable Graph，以下简称 "AG"）以及一张记录位置信息是否过期的哈希表 H_L。其中，可匿名图 AG 的定义如下文所述。

定义 3.3　可匿名图　给定一个空间阈值 δ 和一个时间阈值 θ，可匿名图 $AG=(V,E)$ 需要满足以下两点：

（1）V 是顶点的有穷非空集合；对于 V 中任意一个顶点 v_i，它表示一条位置信息 $L_i=<u_i, x_i, y_i, t_i, lid_i>$。

(2) E是边的有穷集合；对于 E 中任意一条边 $e_{i,j}$，它连接的两个顶点 v_i 和 v_j 所代表的两个位置信息 L_i 和 L_j 需要满足以下条件，即

$$\|L_i.<x,y>-L_j.<x,y>\| \leq \delta \wedge \|L_i.t-L_j.t\| \leq \theta \wedge L_i.uid \neq L_j.uid \wedge L_i.lid \neq L_j.lid$$

ALUA 算法的基本步骤如下：

首先，算法将更新的位置信息加入队列 Q_L 中等待处理。当位置信息从 Q_L 中抽取出时，算法在时空索引 I_L 中新建该位置信息的索引。

其次，算法在 AG_L 中为该位置信息新建一个节点，并赋予节点标识。同时，算法根据 AG_L 的定义，检查图中是否有其他节点可以和它进行连接。如果存在边，并且边的数量大于等于 K-1，那么将它们取出后进行时空相似度比较，并形成最终的匿名子集 AS。一方面，ALUA 算法和 MKSTA 算法一样，对于 AS 中的所有的匿名对象，利用 H_{lid} 哈希表判断是否已经存在对应的匿名的位置区域 R_{i-1}，如果存在，则进行比较和更新。另一方面，算法会将 AS 涉及的位置信息从 I_L、AG_L 和 H_L 中删除。

如果 AG_L 不存在与当前位置信息节点连接的边，或者边的数量小于 K-1，则继续等待。算法以该位置信息的时间戳 T 和 KSTCM 模型的时间阈值 θ 之和为键，该信息对应的 AG_L 节点标识为值，在 H_L 中新建哈希索引，并且循环检测该索引的键值是否超过当前时间，即检查该位置信息是否过期。如果过期，则对该节点进行单独泛化，并更新相应的 I_L、AG_L 和 H_L。ALUA 算法的伪代码见图 3-9。

以图 3-8（b）为例，假设位置信息 L4、L5 和 L6 是用户 U1、U2 和 U4 更新的最新位置信息，并且 T4<T5<T4+θ<T6<T5+θ。当 L4 到达时，假设队列 Q_L 中没有其他未处理的位置信息，那么算法首先从 Q_L 中取出 L4，并为 L4 在 AG_L 中新建一个节点 N4。同时，算法以 T4+θ 为键，节点 N4 的标识为值，在哈希表 H_L 中新建一个索引对象。当 L5 到达时，L5 从队列 Q_L 中取出后，因为 T5<T4+θ，并且两者之间距离小于 δ，因此算法在 AG_L 中新建一个节点 N5 的同时，将 N4 和 N5 进行连接。此时，虽然 N4 与 N5 之间有边，但是两者边的数量都小于 2（假设 K 为 3），因此 L4 与 L5 继续等待新的位置信息到来，并且 H_L 加入 L5 对应索引。当 L6 到达后被处理时，AG_L 将 N4、N5 和 N6 进行连接，并发现它们可以组成一个匿名子集，则 L4、L5 和 L6 被抽取出进行泛化，并检查它们所对应的位置是否存在已经泛化后的

空间属性。最终结果如图3-8（b）所示，形成AS（$L4$,$L5$）和AS（$L6$）两个匿名子集。

Algorithm Anonymized Location Update

Input：

    $L=\{L_0,...,L_n\}$：location history dataset，$L_i = <u_i, x_i, y_i, t_i, lid_i>$：target location；

Output：

    AS(L_i)：anonymized set of L_i；

Algorithm：

    1: if $Q_L \neq \emptyset$ then
    2:    $L_i = Q_L$.pop（）；
    3:    update I_L and AG_L；
    4: if $|e(L_i)| \geq k-1$ in AG_L then
    5:    foreach L_i.neiborNode in AG_L do
    6:       computeSimilairty（L_i, L_i.neiborNode）；
    7:    AS（L_i）=L_i.generalization（L_i, L_i.getNeiborhood（））；
    8: else
    9:    update H_L；
    10: while not expired
    11:    if $|e(L_i)| \geq k-1$ in AG_L then
    12:    foreach L_i.neiborNode in AG_L do
    13:       computeSimilairty（L_i, L_i.neiborNode）；
    14:    AS（L_i）=L_i.generalization（L_i, L_i.getNeiborhood（））；
    15: if $|e(L_i)| > 1$ && $|e(L_i)| < k-1$ then // L_i expired
    16:    AS（L_i）=L_i.generalization（L_i, L_i.getNeiborhood（））；
    17: else
    18:    AS（L_i）=L_i.generalization（L_i, δ, θ）；
    19: foreach L_i in AS（L_i）do
    20:    remove L_i from I_L, H_L and AG_L；
    21:    if $lid(L_j)$ is in u_j's *lid_list* in H_{lid} then

```
22:        compare ($R(AL_j)$, $A(AL_j')$);
23:     else
24:        $H_{lid}$.put($u_j$, ($L_j.lid$, ($R(AL_j)$, $A(AL_j)$)));
25: return AS($L_i$);
```

图 3-9 ALUA 算法伪代码

3.6 实验分析

为了评估本章所提出的 K 匿名时空位置隐私保护模型的有效性，本章设计了一系列的实验，分别从模型构建的效率、模型中 K 值、距离阈值 δ 和时间阈值 θ 之间的关系进行讨论。

3.6.1 实验环境和数据

运行算法的实验电脑是一台戴尔 Optiplex 主机，其硬件配置如下：处理器（CPU）为 Core 2 Duo 2.0GHz，内存（RAM）为 3 072MB。所有算法均采用 Java 编写，后台关系数据库系统为 Postgre8.4，空间地理数据库为 Postgis1.5。实验的原始数据集是格瓦拉（Gowalla）用户从 2009 年 2 月至 2010 年 10 月的签到数据集，共计 6 442 890 条数据。格瓦拉是美国第二大的签到服务应用，目前已经被脸书收购。由于格瓦拉数据集中不含有兴趣点的类型信息，为了满足语义标记实验的所需，本书另外下载了一个美国加利福尼亚州的兴趣点数据集，共包含 104 770 条兴趣点记录，63 种兴趣点类型。同时，实验从 Gowalla 数据集中筛选了在加利福尼亚州的所有签到数据，总计 667 821 条签到记录，包含 15 039 个用户，作为最终的实验数据集。

3.6.2 整体性能

对于 KSTCM 模型整体性能的评估，实验首先选取空间阈值 δ 为 1 千米、2 千米，时间阈值 θ 从 1 小时至 12 小时不等，K 值为 3、5、8、10 的情况下，评估使用 MKSTA 算法对位置历史中的每条数据进行建模时所需要消耗的平均时间，实验结果如图 3-10 所示。

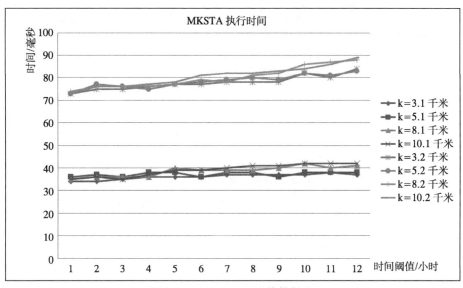

图 3-10 MKSTA 的整体性能

从图 3-10 中可以看到，时间阈值和 K 值大小对 MKSTA 算法的执行时间基本没有影响，而空间阈值 δ 是决定执行时间的关键因素。当距离阈值为 1 千米时，每个位置信息被泛化的执行时间仅为 40 毫秒左右，即使 K 值逐渐增大，K 值为 3 和 K 值为 10 两种情况的计算时间差距也非常微小；当距离阈值扩大为 2 千米时，算法的整体执行时间增加为 80 毫秒左右。MKSTA 算法的执行时间虽然随距离阈值的增大呈线性增加的趋势，但是考虑到 MKSTA 算法主要对离线状态下的位置历史进行保护，对实时性要求较低，因此其整体效率还是非常高的。

第二个实验对 K 值对 MKSTA 算法的影响进行了评估。由于上述实验显示了时间阈值的大小对算法的效率影响不大，因而在这个实验中主要测试 K 值和空间阈值对算法整体效率的影响。实验选取时间阈值 θ 默认为间隔 6 个小时，而对距离阈值 δ 则不限制范围，使用 MKSTA 算法对 K 值为 5、10、20、30、40、60、80 和 100 的情况进行测试，实验结果见图 3-11。

随着 K 值的增大，MKSTA 算法的执行时间也随之增加，这主要因为 MKSTA 算法的效率主要取决于空间查询的范围。在时间阈值一定的情况下，如果 KSTCM 模型需要包含的其他干扰位置信息数量越多，即 K 值越大，那么它所需要查询的空间范围需要更广，故而时空数据库查询所耗费的时间也越多。

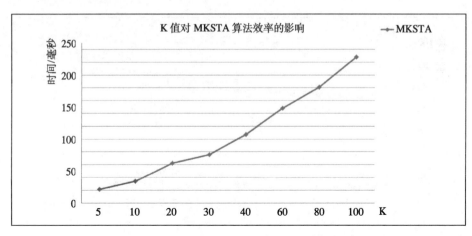

图 3-11 K 值对 KSTCM 模型效率的影响

接下来的实验对 ALUA 算法的执行时间进行了测试。实验将 K 值设定为 3、5、8、10 四种情况，采用时间阈值为 1 小时，距离阈值为 1 千米和 2 千米的情况，从数据集中随机选取了 1000 条在时间维度上相近的数据，对 ALUA 算法的计算时间进行评估。除去在队列中的等待时间（包括构建可匿名图的时间），ALUA 算法在进行匿名处理时的执行时间如表 3-2 所示。

表 3-2 ALUA 算法执行时间（毫秒）

	K=3	K=5	K=8	K=10
$\delta=1$ 千米	28	29	29	30
$\delta=2$ 千米	56	55	57	57

从表中可以看到，ALUA 算法具有很高的效率。在距离阈值一定的情况下，它的执行时间并没有因为 K 值的增大而明显增加。究其原因，对于 ALUA 算法来说，计算消耗主要集中在构建可匿名图和进行相似度比较上，而由于可匿名图是在位置信息在队列 Q_L 中的等待过程中逐渐构建的，因此除去可匿名图的构建时间后，仅进行相似度比较的计算时间是非常少的。另一方面，ALUA 算法和距离有着密切的关系，当距离阈值增大时，算法的执行时间也随之增加。这是因为当空间阈值增大后，潜在的干扰位置信息的数量也会增多，由此增加了 ALUA 算法进行相似度比较的计算时间。

综上所述，由于时间阈值对 KSTCM 模型构建的效率影响较小，而空间阈值影响较大，因此在建模时，如果对时间精度要求较小，那么可以在时间维度上选择较大的阈值，而在空间维度上选择较小的阈值，使得 KSTCM 模型的建模效率可以保持较高值。

3.6.3 时空匿名效果

KSTCM 模型在对位置信息进行匿名建模时，在时间和空间上同时进行了相似度比较，以此选取在该两个维度上距离目标位置信息最近的其他位置信息构成匿名子集，而传统的 LBS 位置隐私模型仅选取空间维度最近邻组成匿名子集。本书认为除了空间属性对 LBSNS 的知识发现有着重要影响外，时间属性的影响也同样重要。因此有必要对 KSTCM 模型的匿名效果的优劣进行考察。

表 3-3 采用了 MKSTA 算法匿名后的位置信息，它的匿名空间区域必大于等于采用传统的 LBS 位置隐私模型匿名后的位置信息，而匿名时间间隔则必小于等于后者。实验首先选取时间阈值 θ 为 60 分钟，空间阈值 δ 为 1 千米和 2 千米，K 值为 3、5、8 和 10 的不同情况，将采用 KSTCM 模型匿名后的位置信息的空间区域大小与传统的 LBS 位置隐私模型进行比较。假设前者区域面积用 Ks 表示，后者用 Ls 表示，那么它们的比较结果 Ks/Ls 如表 3-3 所示。

从表 3-3 中可以看出，一方面，当空间权值默认为 0.5 时，Ks 的大小普遍超过 Ls 一倍以上。K 值越大，两者间的差距越小，而空间阈值越大，两者差距也越大。另一方面，随着空间权值的逐渐增大，两者间的差距也越来越小，特别是当空间权值为 0.9 时，两者除了在 K=3 的情况下还有所区别外，在其他情况下都相同。

表 3-3　KSTCM 模型和传统 LBS 位置隐私模型之间空间匿名区域大小的比较

空间阈值	空间权值	K=3	K=5	K=8	K=10
1 千米	w_s=0.5	226%	231%	173%	141%
	w_s=0.7	226%	103%	0%	0%
	w_s=0.9	107%	0%	0%	0%
2 千米	w_s=0.5	355%	275%	208%	195%
	w_s=0.7	355%	193%	115%	195%
	w_s=0.9	191%	219%	0%	0%

假设将 KSTCM 模型的匿名时间间隔大小用 Kt 表示，传统 LBS 位置隐私模型的匿名时间间隔大小用 Lt 表示，那么它们的比较结果 Lt/Kt 如表3-4所示。从表中可以看出，一方面，当时间权值与空间权值相等时，采用传统 LBS 位置隐私模型保护后的位置信息与采用 KSTCM 模型保护后的位置信息，二者在时间维度上的差别非常大。在 K 值为 3 的情况下，前者平均比后者大超过四倍，虽然随着 K 值的增大，该比例有所减小，但是前者时间间隔的大小也是后者的两倍左右。另一方面，也可以看出，该比例随着空间阈值的增大逐渐增大。

表3-4 KSTCM 模型和传统 LBS 位置模型之间匿名时间间隔大小的比较

空间阈值	时间权值	K=3	K=5	K=8	K=10
1千米	$w_t=0.5$	462%	223%	233%	106%
	$w_t=0.3$	462%	112%	0%	0%
	$w_t=0.1$	223%	0%	0%	0%
2千米	$w_t=0.5$	800%	1400%	295%	214%
	$w_t=0.3$	800%	362%	114%	114%
	$w_t=0.1$	130%	114%	0%	0%

由表3-3和表3-4显示的实验结果可知，KSTCM 模型和传统的 LBS 位置隐私模型各有优劣，KSTCM 模型虽然在空间维度上的匿名效果不及传统的 LBS 位置隐私模型，但是在时间维度上则远好于后者；而传统 LBS 位置隐私模型在空间维度上具有最佳的匿名效果，在时间维度上则表现较差。一个较好的方式是，在使用 KSTCM 模型时，根据实际需求选取合适的时间和空间权值，从而使时空匿名效果达到最佳。

3.6.4 K 值、空间阈值 δ 与时间阈值 θ 之间的关系

K 值与空间阈值以及时间阈值关系密切，显然后两者决定了前者的大小，因此也有必要对它们三者之间的具体关系进行讨论。实验采用 MKSTA 算法对距离阈值 δ 为 1 千米、2 千米、3 千米和 4 千米的范围，时间阈值 θ 从 1 小时至 12 小时不等的情况下，KSTCM 模型中的一个匿名子集可能包含的 K 值进行了测试。图 3-12 显示了不同情况下 K 的平均值。

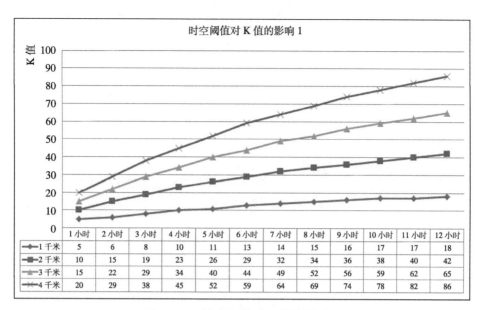

图 3-12 时空阈值对 K 值的影响-1

从上图中可以看到，在空间阈值范围为 1 千米时，K 值随着时间阈值的增大，呈平稳增加的趋势。而当空间阈值为 2 千米时，K 值增大的速率相对空间阈值为 1 千米范围时提高了一些，但是总体仍旧呈现较为平稳的增加趋势。在 3 千米和 4 千米的情况下也呈现出相似的趋势。相对于 K 值随着时间阈值增大而平稳增大，空间阈值的变化对 K 值大小的影响更加明显。随着空间阈值成倍增大，K 值大小在相同的时间阈值下也逐倍增大。例如，在时间阈值为 1 小时、空间阈值为 2 千米时的 K 值大小是 1 千米时的 2 倍，而 3 千米则是 3 倍，4 千米更增加为了 4 倍。这种成倍增大现象在其他时间阈值段也都相似。这也验证了上个实验中时间阈值对 MKSTA 算法的效率影响较小，而空间阈值对其影响较大的结论。

图 3-13 则显示了在时间阈值为 1 天至 6 天不等、空间阈值分别为 1 千米和 2 千米时 K 值大小的变化情况。可以看出，当时间阈值由小时为单位扩大为以天为单位时，K 值随时间阈值的增大也呈较明显的线性增长趋势。

图 3-14 显示了 K 值在不同时间阈值和空间阈值范围内可能的分布情况。当时间阈值和空间阈值较小时，K 值为 1 的情况占总体 K 值分布的很大一部分。例如，当 $\delta=1$ 千米和 $\theta=1$ 小时时，K 值为 1 占到了 53.44%。这说明存在一定数量的位置信息，无法满足 K 匿名要求。通常来说，这些位置信息

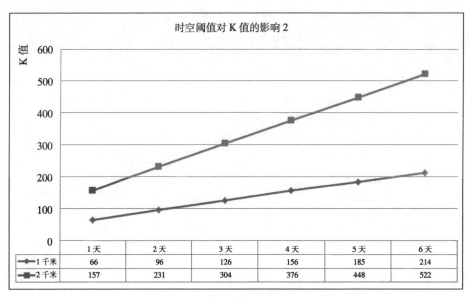

图 3-13 时空阈值对 K 值的影-2

都位于较偏远的地方，因此在一定的时间和空间范围内，很少有其他用户进行访问。对于这类位置信息，可以对其使用默认的时空阈值进行随机泛化。而随着时空阈值的增大，K 值为 1 的情况所占的百分比逐渐下降，其他情况所占比例则逐步上升。甚至在 $\delta=2$ 千米和 $\theta=24$ 小时，K 值为 100 以上的比例超过了四分之一。由此可见，对于一些热点区域，如中央商务区等，这些区域内会存在大量相似的位置信息。

另一方面，K 值大小为 2 至 10 的情况在各种时空阈值下都占到较大的比例，普遍都在 40% 左右。如果加上大小为 11 至 50 的区间比例，那么 K 值大小在 50 以下（不包括 1）所占的比例在各种时空阈值下几乎都超过了 50%。由此可见，对于绝大多数的位置信息，在一定的时间间隔和空间范围内，都能够找到与之相似的其他用户的干扰位置信息对象，并可以此构建相应的 KSTCM 模型的匿名子集。结合上述的一些实验数据，同时考虑到隐私保护效果和服务质量之间的平衡，对于 KSTCM 模型 K 值的选择，较好的选择区间是在 3 至 15 之间。

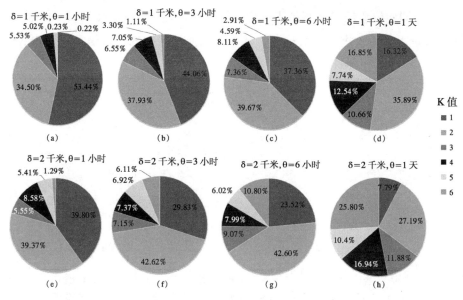

图 3-14 KSTCM 模型 K 值分布

（a）空间阈值为 1 千米，时间阈值为 1 小时；（b）空间阈值为 1 千米，时间阈值为 3 小时；（c）空间阈值为 1 千米，时间阈值为 6 小时；（d）空间阈值为 1 千米，时间阈值为 1 天；（e）空间阈值为 2 千米，时间阈值为 1 小时；（f）空间阈值为 2 千米，时间阈值为 3 小时；（g）空间阈值为 2 千米，时间阈值为 6 小时；（h）空间阈值为 2 千米，时间阈值为 1 天

3.6.5 语义标记与 K 值之间的关系

对于 KSTCM 模型的语义标记的泛化，本章列举了两种方法，分别是基于兴趣点标识的方法和基于空间区域对象类型的方法。对于第二种方法，因为时空阈值和 K 值大小对其语义标记的获取影响较小，所以这里不对其进行实验评估。而对于第一种方法，K 值的大小在很大程度上决定了潜在语义标记的数目，因此会对标记的准确性产生影响。实验对基于兴趣点标签的语义标记获取方法进行了评估。实验默认的 KSTCM 模型建模的时间阈值为 1 小时，空间阈值为 1 千米范围内，在 K 值为 1 至 100 不等的情况下，对模型对应的语义标记的类型数量进行讨论，实验结果如图 3-15 所示。

从图中可以看出，KSTCM 模型包含的语义标记数量并没有随着 K 值的增大有明显增加的趋势。当 K 值在 10 以下时，语义标记数量绝大多数在 2 个左右。而当 K 值超过 30 时，语义标记数量也普遍稳定在 6 个左右。这也意味着，即便位置信息在兴趣点标识属性上被泛化，也能够使用较少的语义标记数量对该对象进行语义标记，从而可以使被保护的位置信息在 LBSNS 知识发现等领域发挥作用。

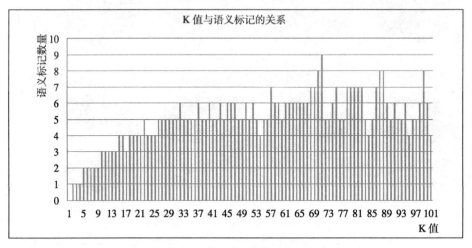

图 3-15　K 值与语义标记之间的关系

3.7　小结

本章针对 LBSNS 中位置信息隐私的保护问题，提出了一个改进的 K 匿名位置隐私保护模型——KSTCM。该模型能够弥补传统 LBSNS 位置隐私保护模型在对离线位置历史保护上存在的不足，可以有效防范 EJA 攻击模型和 LOA 攻击模型。

同时，本章还针对离线状态下的位置历史保护和实时状态下的位置更新两种不同的应用场景，分别提出了 MKSTA 算法和 ALUA 算法。对于离线存储的位置历史，MKSTA 算法能够保证被保护的位置信息对象在时间和空间维度上的匿名范围最小，从而使得 LBSNS 应用在使用这些匿名后的位置信息时，能够获得相对最佳的服务质量。对于实时的位置更新，ALUA 算法则能够快速地对位置信息进行满足 KSTCM 模型要求的更新。

本章的实验结果表明，KSTCM 模型的构建效率主要和它的空间阈值相关，而时间阈值则对其效率影响较小。同时，实验结果也表明两种建模算法的执行效率都非常高。

第四章 基于位置隐私保护的 LBSNS 兴趣区域发现

4.1 概述

随着移动定位技术的发展以及智能便携设备的普及，通过对移动用户的位置信息进行挖掘和分析，发现用户的兴趣区域（Region of Interest，以下简称"ROI"），并以此为用户提供智能化和个性化的服务，已经成为了许多移动应用吸引用户、增加用户黏性的重要手段之一。对于 LBSNS 应用而言，无论是社交关系的发现还是内容推送都得益于对兴趣区域的发现。一方面，位置因素在建立新的移动社交关系时扮演着重要的角色，彼此生活中兴趣区域的交集越大，分享共同话题的可能性就越大，对于彼此的认同感可能越强。另一方面，LBSNS 应用在进行内容推送时，若所推送的内容与用户的兴趣区域之间有很高的相关性，则更有可能引起用户的关注。

在进行兴趣区域抽取的过程中，目前广泛采用的位置数据来源主要分为两种，即签到活动对应的位置信息和用户日常的轨迹信息。前者通常会包含该位置所属的兴趣点信息，一般是指用户访问的黄页对象，包含了空间属性和一系列非空间属性。例如，一家餐馆，它的空间属性是它的地理位置信息，非空间属性则可能是它的菜系、价格和服务质量等。后者是一种移动模型，是指在一定时间和空间范围内，移动对象位置变化过程的一个记录，可以表示为一系列位置实体和时间实体的序列。相对于兴趣点，对轨迹信息进行挖掘和分析可以发现更多的用户信息，包括用户重要的活动场所、生活习惯、行为动作以及偏好等。

但是，对于 LBSNS 而言，无论是采用签到位置信息，还是采用轨迹信息去发现用户的兴趣区域，都存在一定的缺陷。一方面，轨迹信息的获取需要长时间记录用户的位置数据。对于便携移动设备，轨迹信息获取的过程对它有限的资源消耗会非常大，由此可能会影响其他工作的正常进行。另一方面，签到位置信息虽然能够更加准确地定位用户的兴趣区域所在，但是也很容易造成用户的位置隐私泄露，从而可能产生不可预知的潜在危险。

针对上述问题，本章以采用 KSTCM 模型保护的签到活动的位置信息为基础，定义了两种 LBSNS 兴趣区域类型，即广泛兴趣区域和个人兴趣区域，并分别提出了对应的兴趣区域发现方法。广泛兴趣区域是指广义上对大众都有意义的区域，如旅游景点和中央商务区等。对于广泛兴趣区域，本章提出了一种基于网格的方法，列举了签到频率、用户计数和信息熵三种重要特征，并通过对它们之间关系的分析，有效地发现并抽取出广泛兴趣区域。实验结果显示了 KSTCM 模型的 K 值大小对广泛兴趣区域的抽取影响较大，在 K 值较小时，抽取出的兴趣的数量较多，可辨识性也较高；而当 K 值较大时，则抽取出的区域数量较少，覆盖的面积较大，可辨识性也较差。当然，如果选取合适的 K 值，广泛兴趣区域发现方法不仅能够抽取出一个城市中重要的区域，而且和采用原始签到位置信息发现的兴趣区域相比，二者也具有非常高的相似性。

对于个人兴趣区域，本章将其分为了私密区域和偏好区域。私密区域是指那些用户隐私敏感的区域，如居住区域；而偏好区域则是指用户喜欢去的公共场所，如购物场所。本章主要分析两种个人兴趣区域之间的异同，并根据行为规律、活动范围和社交关系三种影响用户签到活动的因素，总结签到规律、签到密度分布和区域信息熵三种重要的签到特征，并以此为基础提出对这些区域进行抽取和归类的方法。实验结果显示了本章提出的方法能够发现一部分用户的私密区域和大部分偏好区域。同时，实验结果也显示了随着 KSTCM 模型保护力度的增大（即 K 值的增大），用户的私密区域随之减少，这也从侧面反映了 KSTCM 模型的位置隐私保护效果。

4.2 相关工作

兴趣点和兴趣区域都是地理信息系统中的术语。前者泛指可以抽象为地理位置坐标点的位置实体，如学校、医院、银行和餐馆等；后者则是以空间区域为范围的位置对象，如大型公园、中央商圈和居住区等。在空间地理数据库中，兴趣点或兴趣区域对象一般都会包含名字、类别和经纬度坐标点（集合）这三个属性。因为从用户对兴趣点和兴趣区域的访问频率以及滞留时间等因素，能够挖掘出用户潜在的一些个人偏好，所以如何发现兴趣点和兴趣区域也一直是位置相关服务领域中的研究热点。

通常来说，兴趣点和兴趣区域的发现有以下几个步骤：

（1）采集用户时空数据。

（2）将一段时间内稳定在一个经纬度坐标范围内的数据作为有效的位置对象，同时提取其位置语义。

（3）将相同的位置对象进行统计归类，并以此作为数据集。

（4）依照一定的算法识别用户访问位置对象的偏好。

（5）对结果进行准确性的判断。

早期对兴趣点和兴趣区域的发现所采用的方式都较为简单。威尔曼等人提出用户在使用基于位置的服务过程中，应该为位置对象赋予更多的语义。例如，当一个用户在家时，当前的经纬度位置应该被赋予"家"的语义。由此对用户有意义的地点（如家和办公场所等）就能够被发现。ComMotion系统则通过GPS信号来判断兴趣点。它利用了GPS在室内无法获取信号的特点，在GPS信号丢失，并在一段时间后又重新获取了信号的情况下，系统就假设用户进入了室内场所。ComMotion系统会把信号丢失前所获取的经纬度数据进行记录，以此作为用户的潜在兴趣点。除了ComMotion，也有其他系统利用GPS信号的开始与停止来记录用户的兴趣点。海特瓦尔等人通过GSM和Wi-Fi网络获取用户的位置数据，如果用户持续稳定在一个地点，即设备端注册的基站不变以及信号强度稳定时，则该地点被标识为一个Waypoint。如果该Waypoint被用户反复访问，则说明该地点是对用户有意义的地点。周常青等人研究了兴趣场所的发现和该类场所重要程度之间的关系，他们发现如果这些场所对用户非常重要（如家和公司），那么发现这类场所的可能性会远远高于其他场所。

阿斯布鲁克和斯塔纳在前人工作的基础上，提出了使用聚类算法将从GPS得到的经纬度坐标点集合进行聚类，由此可以大幅地减少发现的兴趣点数目，并且提高其精确度。同时，他们还提出了利用马尔可夫链的方法对用户移动行为进行预测。周常青等人提出了一种基于密度相交的聚类算法,他们首先将位置坐标点密度高的区域进行第一次聚类,随后对密度相交的聚类再次进行聚类,由此得到对用户有意义的地点。实验结果显示,他们的聚类算法相比 K 均值聚类算法具有更好的聚类效果,对诸如汽车站和道路交叉口这类对用户无意义的地点有较好的过滤作用。施菲尔德则在他的研究中发现用户在日常生活中对于兴趣场所类型的选择有明显的规律,如用户经常光顾的休闲场所可以占到其所有场所访问比例的 40%~50%。

詹诺蒂等人提出了一种利用轨迹信息发现兴趣区域的方法。他们使用时空序列模型(ST-Sequence Model)和轨迹模式(T-Pattern)对用户的轨迹信息进行建模。时空序列模型被表示为 $S=<(x_o, y_o, t_o),...,(x_k, y_k, t_k)>$ 的形式,其中 x_i、y_i、k_i 分别表示经度、纬度和时间戳;轨迹模式被定义为 (S, A) 二元组,其中,$S=<(x_o, y_o),...,(x_k, y_k)>$ 是坐标点的序列,$A=<a_1,...,a_k>$ 则表示每个坐标点之间迁移所耗费的时间。利用上述两个模型,将用户轨迹会经过或者邻近的兴趣点作为热点,将高密度区域的热点进行聚类,从而得到用户的兴趣区域。

除了使用聚类算法,也有许多研究工作者提出使用概率模型对用户移动活动的位置数据进行建模,从而获取用户的兴趣点和兴趣区域的方法。帕特森等人提出一种基于动态贝叶斯网络的移动模型,该模型可以判断用户的出行方式以及对用户的移动行为进行预测。该模型总共分为了三层:①底层模型描述了基本的位置数据,包括 GPS 获取的经纬度数据,用户当前的位置、加速度、交通工具所在的位置,用户出行的方式(包括步行、汽车和公交车)等。②中间层模型则描述了用户出行的目的,包括移动活动中的起始与结束,以及用户的目的地(如家、工作场所和朋友的家)等,并对其进行标记。③上层模型对用户是否依照习惯路线移动进行判断。该模型除了具备判断用户的出行方式以及对移动行为进行预测的能力外,也能够推测用户出行的目的地。此外,为了弥补该模型无法对抽取出的兴趣点进行语义标识,廖林等人随后提出了采用基于关系型的马尔可夫模型,对有意义的兴趣点和用户活动进行分类的方法。

弗勒利希等人探索了用户访问频率和滞留时间对用户偏好与兴趣点之间相关性的影响。他们构建了一个基于位置服务的 MeTool 应用,并使用基于情景上下文驱动的经验取样法(Experience Sampling Method,以下简称"ESM")进行研究。当用户处于相对稳定的状态时，应用会向他们询问一些问题，如"你是否还在上一个地点"，并要求他们为该地点命名、归类和打分。实验结果表明，访问频率和滞留时间能够反映用户对某个兴趣点的偏好程度，若将两者结合，得到的相关性结果则更为理想。同时实验表明，将兴趣点的类型进行细化，更有助于发现用户的偏好。

本书研究的 LBSNS 兴趣区域的发现方法同前人的研究工作的区别主要有以下几点：①有别于前人仅对个人兴趣地点进行研究，本书在此基础上提出了对广泛兴趣区域和个人兴趣区域的发现方法。②传统的兴趣点和兴趣区域的发现方法缺乏对兴趣区域与签到活动之间的内在联系的分析，通常仅在空间维度上采用聚类等方法发现此类区域。而本书提出的兴趣区域发现方法则通过分析兴趣区域的被签到次数、用户计数和信息熵之间的典型关系，并结合聚类、排序和过滤等方法，提出相关解决方法。③本书研究的基础数据集是基于经过 KSTCM 模型保护后的签到位置数据，这些数据在时间和空间维度上存在大量的不确定性，使得人们对兴趣区域的发现由基于点的形式转变为基于区域的形式，促使这一研究工作更具挑战性。

4.3 广泛兴趣区域的发现方法

在 LBSNS 中，兴趣区域可以分为两类：一类是广义上的兴趣区域，是对绝大多数 LBSNS 用户都有意义的区域，即热点的公共区域，本章称之为广泛兴趣区域（Hot Region，以下简称"HR"）。例如，中央商业区、公园和旅游景区等就是典型的广泛兴趣区域。换言之，这类区域也是用户进行 LBSNS 签到活动频率最高的区域之一。另一类是对用户个人有意义的兴趣区域（Personal Region，以下简称"PR"），即用户经常活动的区域，称之为个人兴趣区域，如用户居住和工作的区域。对于两种不同的兴趣区域，它们的判断标准也是不同的。

本节提出了一种基于网格的广泛兴趣区域的发现方法（Hot Region Discovery Method，以下简称"HRDM"）。它以网格模型为基础，对网格单元的频率、签到用户数以及信息熵这三种主要特征进行了定义，并通过分析它们之间的内在联系，判断哪些区域是广泛意义上的兴趣区域。下面将对该方法进行详细的描述。

4.3.1 网格划分

为了发现兴趣区域，本书首先将整个地理空间按经纬度划分为了若干个网格单元，每个网格单元的单位长度 Δl 默认为 0.005 经纬度坐标间隔，对应的实际长度大约为 500 米，记为 $G_{m \times n} = \{g(i,j) | 1 \leq i \leq m, 1 \leq j \leq n\}$。为了表述方便，本书在随后章节将采用 KSTCM 模型保护后的 LBSNS 签到活动的位置信息简称为 KSTCM 对象。图 4-1 描述了空间的网格化划分和 KSTCM 对象之间的关系，图中不同颜色矩形框分别表示不同用户进行签到活动时的 KSTCM 对象的空间部分。可以看出，对于空间内的 KSTCM 对象，它可能会覆盖若干个网格单元。接下来本节将对网格单元的相关概念进行定义。

定义 4.1 网格单元的签到关系 如果一个网格单元 g_{ij} 与一个 KSTCM 对象 K_i 在空间维度上的交集不为空，那么则称该网格单元 g_{ij} 被签到了一次，并且称 KSTCM 对象 K_i 与网格单元 g_{ij} 存在签到关系。

从网格单元的签到关系的定义可以看出，对于一个 KSTCM 对象 K_i，它将其所覆盖的所有网格单元都赋予了签到关系，这也使得 LBSNS 签到这个概念由基于点的形式扩展为了基于区域的形式。

定义 4.2 网关单元签到频率 对于一个网格单元 g_{ij}，它的签到频率是指它被签到次数的总和，即所有与它在空间上存在相交或包含关系的 KSTCM 对象的数量。它可以表示为

$$Frequency(g_{ij}) = |\{K_l \in K | ST\_Intersection(K_i, g_{ij}) \neq \varnothing\}|$$

其中，K 表示 KSTCM 对象集合；$ST\_Intersection(A, B)$ 表示两个对象 A 与 B 在空间维度上的交集算子。

定义 4.3 网格单元签到用户计数 对于一个网格单元，它的签到用户计数是指在该网格单元有签到活动记录的用户数量。它可以表示为

$$UserCount(g_{ij}) = |\{u_i \in U | ST\_Intersection(K_i^{u_i}, g_{ij}) \neq \varnothing\}|$$

其中，$K_i^{u_i}$ 表示用户 u_i 在位置 l 签到时对应的 KSTCM 对象；U 表示用户集合。

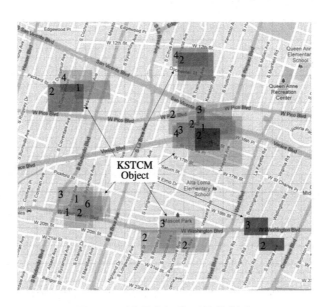

图 4-1 地理空间的网格化划分

4.3.2 广泛兴趣区域的发现方法

对于一个网格单元 g_{ij},它的签到频率体现了它的重要程度,而它的签到用户计数大小则显示了它的受欢迎程度。为了更进一步地分析出网格单元的特征,本章引入了信息熵的概念。信息熵可以用来作为衡量一片区域重要程度的标准。信息熵高的区域说明在此签到的不同用户多,它受欢迎的程度高;而信息熵低的区域则说明该区域仅被少数人集中访问。对于一个网格单元 g_{ij},它的信息熵定义如下:

定义 4.4　网格单元的信息熵　对于与网格单元 g_{ij} 存在签到关系的 KSTCM 对象集合 $K=\{K_i^{ua},\dots,K_n^{ub}\}$,其中,$K_i^{ua}$ 表示用户 u_a 的 KSTCM 对象,如果 $Count(g_{ij}^{ua})$ 表示用户 u_a 在 g_{ij} 的签到次数,$P(g_{ij}^{ua})=\dfrac{Count(g_{ij}^{ua})}{Frequency(g_{ij})}$ 表示用户 u_a 在 g_{ij} 的签到概率,那么 g_{ij} 的信息熵的大小的计算公式为

$$Entropy(g_{ij})=-\sum_{u_a}^{u}P(g_{ij}^{ua})\log(P(g_{ij}^{ua})) \qquad (4-1)$$

其中,U' 表示在 g_{ij} 进行签到的用户集合。

定义 4.5　网格单元　对于任意一个网格单元 g_{ij},它可以表示为一个 (I, F, UC, E) 四元组形式。其中,$I=Index(i, j)$ 是该网格单元在经度和纬度方向上的索引,即该网格单元的标识;$F=Frequency(g_{ij})$ 是该网格单

元的签到频率；$UC = UserCount(g_{ij})$是在该网格单元的签到用户计数；$E = Entropy(g_{ij})$是该网格单元的信息熵。

根据上述定义，图 4-2 列举了四种典型的网格单元的签到频率、用户计数以及信息熵分布情况的例子。图中网格单元是要被分析的网格单元 g_{ij}。不同底纹的矩形框分别代表三个不同用户的 KSTCM 对象的空间矩形区域，数字则代笔了该对象出现的次数，即签到次数。首先，将图 4-2（a）和图 4-2（b）进行比较，可直观地看出，随着网格单元 g_{ij} 被签到的次数增加，它对于用户 1 的意义也随之增加。由此可见，对于一个网格单元，同一用户签到的次数越大，它对该用户的意义也越大。其次看图 4-2（c）和图 4-2（d），网格单元 g_{ij} 分别被三个不同的用户签到，总计都签到了 12 次。但在图 4-2（c）中，用户 1 签到了 10 次，其他两个用户各签到了 1 次。而在图 4-2（d）中，三个不同用户各签到了 4 次。很明显，在图 4-2（c）中，网格单元 g_{ij} 对于用户 1 的意义大于图 4-2（d）中其对他的意义。网格单元 g_{ij} 在图 4-2（c）中可以被看作是用户 1 的潜在兴趣区域所包含的网格单元，而 g_{ij} 在图 4-2（d）中则可以被看作是一个广泛的兴趣区域所包含的网格单元。因此，一个网格单元被签到的多样性对它所在的兴趣区域的类型也有着非常重要的影响。

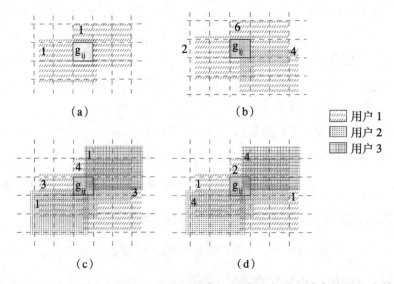

图 4-2 四种典型的网格单元的签到频率、签到用户数和信息熵的分布情况

（a）同一用户在 g_{ij} 签到了 2 次；（b）同一用户在 g_{ij} 签到了 12 次；（c）三个不同用户在 g_{ij} 签到了 12 次，其中两个用户分别签到 1 次，剩余一个用户签到 10 次；（d）三个不同用户在 g_{ij} 各签到 4 次

如果将图 4-2 的四个子图中网格单元 g_{ij} 的签到频率、用户计数以及信息熵的值通过公式计算出来,则能够更加清晰显示出这三者与兴趣区域之间的联系,见表 4-1。

表 4-1 网格单元 g_{ij} 的被签到的频率、签到的用户数以及信息熵的值

Scenario	Frequency (g_{ij})	UserCount (g_{ij})	Entropy (g_{ij})	Degree
a	2	1	0	F=low; C=low; E=low
b	12	1	0	F=high; C=low; E=low
c	12	3	0.6	F=high; C=high; E=medium
d	12	3	1.58	F=high; C=high; E=high

表 4-1 中根据网格单元 g_{ij} 的签到频率、用户计数以及信息熵的值的大小分别为它们赋予三种程度:low、medium 和 high。不难发现,这三个数值所对应的程度组合各不相同,由此也为本章发现兴趣区域以及对其进行分类提供了依据。

对于一个广泛兴趣区域,本书对它的评判标准为该区域所覆盖的网格单元具有签到频率高、用户计数多和信息熵大的特点。对广泛兴趣区域的发现方法主要有以下步骤:

Step 1. 对于存在签到关系的网格单元,计算它们的签到频率、用户计数和信息熵的大小,依照它们的大小使用聚类算法将它们划分为 3 个簇,即 low、medium 和 high。

Step 2. 将被签到频率、签到用户数和信息熵三者组合为 {high, high, high} 的网格单元提取出来。

Step 3. 在空间上使用聚类算法将相邻的网格单元进行合并,从而得到聚类后的广泛兴趣区域。

其中,聚类算法采用的是 K 均值算法和基于密度的聚类算法(Density-Based Spatial Clustering of Applications With Noise,以下简称"DBSCAN 算法"),前者负责依据网格单元的签到频率、用户计数和信息熵值的大小,将它们划分为 3 个簇;后者负责将 High 簇中的网格在空间上进行聚类。详细流程见图 4-3。

这里以图 4-1 显示的空间区域为例,本书对广泛兴趣区域的发现过程

进行详细的描述。图 4-1 显示了一片 30mm×30mm 的网格区域,其中包含了 6 个不同的用户,每个用户对应的 KSTCM 对象在空间维度上的区域使用不同颜色 的矩形框表示,每个矩形框左上角的数 字代表了该对象的签到次数,总计有 22 个 KSTCM 对象和 53 次签到。可以看 出,图 4-1 的例子覆盖了图 4-2 中列举 的几种典型的 KSTCM 对象签到形态。

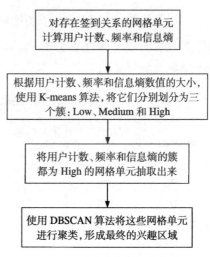

根据广泛兴趣区域的发现方法,对 各个网格单元的签到频率、用户计数和 信息熵进行计算,结果如图 4-4 所示。

图 4-3 广泛兴趣区域发现流程

从图中可以看到,颜色最深的区域网格单元为相关统计后所对应的数值大小 较大的区域,而颜色相对较浅的区域网格单元代表对应数值较小的区域。从 直观角度看,网格单元频率、用户计数和信息熵组合可以被认为是 {high, high,high} 的仅分布在图中中部偏右部分。

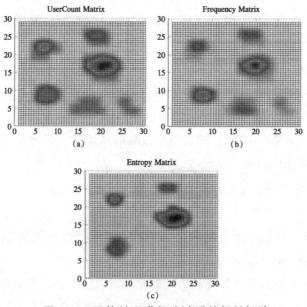

图 4-4 网格单元进行统计后的相关矩阵

(a) 用户计数对应的矩阵;(b) 网格单元频率对应的矩阵;(c) 网格单元信息熵对应的矩阵

在统计完各项数值后，使用 K 均值聚类算法，将各项数值按大小聚为三个簇，分别对应于 low、medium 和 high 三种程度，聚类后的结果见图 4-5。在网格单元的用户计数三个簇中，聚类算法将用户计数为 1 的聚为一个簇，即程度为 low 的簇；计数为 2 的作为 medium 簇；而大于 2 的则作为 high 簇。其中，high 簇中网格单元数量为 23 个，占总数的 12%。在网格单元频率的三个簇中，high 簇为数值大于 9 的那些网格单元，总计有 19 个，占总数的 10%。在网格单元信息熵的三个簇中，被归为 high 的簇的数量为 23 个，占所有网格单元总数的 32%。从图 4-5 中可以看出，K 均值聚类算法在将本章所提出的广泛兴趣区域发现方法中的三个评判标准进行分类时，具有较好的效果。

最后，将同时处于三个 high 簇中的网格单元抽取出，总计有 11 个网格单元，并对它们采用 DBSCAN 算法进行聚类。图 4-6 中深灰色的矩形框显示了这些网格单元在地图上的位置。可以看出，被抽取出的网格单元所形成的广泛兴趣区域和直观角度发现的区域较为吻合。

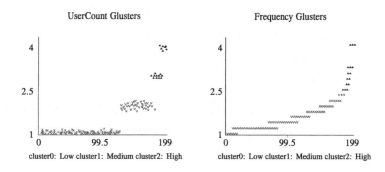

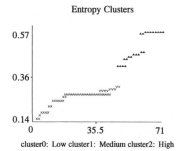

图 4-5　网格单元各项数值进行聚类后的结果

（a）用户计数的三个簇分布；（b）网格单元频率的三个簇分布；（c）网格单元信息熵的三个簇分布

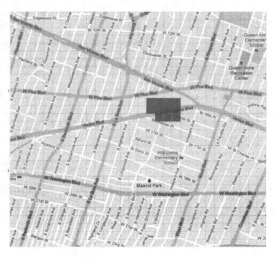

图 4-6 网格单元聚类后形成的广泛兴趣区域

4.4 个人兴趣区域的发现方法

虽然通过网格单元的签到频率、用户数计数以及信息熵的值的大小可以抽取出广泛兴趣区域，但是对 LBSNS 应用的个人用户而言，他更关心与其日常生活息息相关的那些区域附近所发生的事。例如，当 LBSNS 向用户推荐购物优惠时，如果被推荐的对象处于用户居住区域附近，那么用户去访问的概率肯定会大幅增加。因此，抽取出个人兴趣区域对 LBSNS 应用为用户进行精准定位并为其提供更好的个性化服务起到了至关重要的作用。

本节对个人兴趣区域的一些特点进行了系统的描述，并以此为基础，定义了两种特别的个人兴趣区域，即私密区域（Private Region）和偏好区域（Preference Region）。其中，私密区域是指对用户而言最需要进行隐私保护的区域，这类区域通常不是广泛兴趣区域，且具有较高的私密性如用户的居住区域。偏好区域是指用户经常会去那些公共区域，这些区域可以反映出用户的一些偏好，在用户生活中同样扮演重要角色，如用户习惯购物消费的区域。本节随后也提出了对应的个人兴趣区域发现方法（Personal Region Discovery Method，以下简称"PRDM"）。

4.4.1 个人兴趣区域的特点

LBSNS 用户进行签到活动的区域并非完全是随机的，通常都会受到一些主观和客观因素的影响。例如，如果用户经常在各种饭店进行签到，那么该用户的兴趣有可能是美食；如果用户经常在同一中央商务区签到，那么有可能他就在那里工作。已有的研究工作已经证明了绝大多数人的生活都是有规律的，并且活动的范围也都是有限的。因此，如果以此为假设，LBSNS 用户的签到活动也应该是有迹可循的。本书从时空角度出发，列举了一些影响 LBSNS 用户在私密区域和偏好区域进行签到活动的影响因素及其对应的个人兴趣区域的特点，总结为以下三个方面：

1. 生活规律

对于绝大多数的 LBSNS 用户来说，他们的签到活动符合以下特征，即在一些较少的区域进行了多次签到，在大部分区域偶尔有签到。这些较少的区域可能就包含了用户的私密区域和偏好区域。

对于私密区域和偏好区域，它们之间既有相同点也有不同点。两者的相同点是，它们都是用户签到概率最高的区域之一，并且签到时间的分布都比较规律。二者的不同点在于，私密区域除了用户自己签到外，其他用户签到的可能性较低，而偏好区域则可能被许多人签到。因此，从信息熵的角度考虑，用户私密区域的信息熵可能较低，而偏好区域的信息熵则可能较高。

2. 活动范围

已有研究工作已经证明了人们日常出行的距离符合幂指数分布的特点，即某一地点距离用户的私密区域越近，它被 LBSNS 用户签到的概率就越高。换言之，如果在一片用户签到区域周围存在许多其他用户的签到区域，那么该片区域很有可能是用户的个人兴趣区域。

3. 社交关系

社交关系对于用户的签到活动也具有非常大的影响力。日常生活中，同事之间一起出去吃工作餐或者朋友之间的串门都是频繁发生的活动。因此，如果一个区域被若干个具有社交关系的用户频繁签到，那么这些区域就可能是个人兴趣区域。

4.4.2 个人兴趣区域发现方法

本节根据上一小节总结的个人兴趣区域的特点，提出了一种个人兴趣区域的发现方法，其思路是先将潜在的用户个人兴趣区域抽取出来，然后通过排序和过滤的方法，将最有可能是私密区域和偏好区域的两个区域抽取出来。下面对该方法中使用的相关排序和过滤的方式进行描述。

1. 签到规律排序算法

签到规律排序是根据上文中描述的"用户日常生活规律对用户签到行为影响的特点"所总结出的,它是一种对潜在兴趣区域是否为私密区域和偏好区域的可能性大小进行排序的方法,它的排序依据是一个区域在同一天与其他区域共同被签到的次数。以下对签到规律排序所涉及相关的概念进行描述和定义。

根据 KSTCM 对象的定义可知,对于原始签到点为同一对象的 KSTCM 对象集合,它们在空间维度上的矩形区域是相同的。为了方便描述,本章将在后续小节中使用 R_K 表示在空间维度上相同的 KSTCM 对象集合 K 的空间对象,其具体定义如下:

定义 4.6 区域对象 R_K 如果存在一个 KSTCM 对象集合 $K=\{K_0,\ldots,K_n\}$,对于其中任意一个 KSTCM 对象 K_i,它在空间维度上的矩形区域和集合 K 中的其他 KSTCM 对象都相同,那么使用 R_K 表示集合 K 在空间维度上的矩形区域,并且矩形区域 R_K 被签到的计数 $Count(R_K)=|K|$。

定义 4.7 规律签到关系 对于任意两个 KSTCM 对象 K_i 和 K_j,如果它们的时间间隔对象位于同一天内,则称这两个对象之间存在规律签到关系。

签到规律排序算法(Check-in Route Sort Algorithm,以下简称"CRSA 算法")是依据 KSTCM 对象之间存在规律签到关系的次数对潜在的个人私密区域或者偏好区域进行排序。算法首先对抽取出的 KSTCM 对象集合中的规律签到关系进行统计,如果两个 KSTCM 对象 K_i 和 K_j 之间存在规律签到关系,则对它们对应的区域对象 R_{Ki} 和 R_{Kj} 的优先级 $R_{Ki}.prior$ 和 $R_{Kj}.prior$ 分别加 1。当整个算法结束时,优先级最大的区域对象的排序位置最前。CRSA 算法的伪代码如图 4-7 所示。

Algorithm Check-in Route Sort
Input:
  $S=\{R_{Ki},\ldots,R_{Kn}\}$: extracted R_K set as potential personal regions;
Output:
  $S=\{R_{Kj},\ldots,R_{Km}\}$: sorted R_K set;

Algorithm:

    1: foreach pair R_{Ki} and R_{Kj} in S do

    2: if extract(Day from (K_i, K_j)) = 0 then

    3:    R_{Ki}.prior ++ ;

    4:    R_{Kj}.prior ++ ;

    5: S.sort( );

    6: return S;

图 4-7 CRSA 算法伪代码

2. 密度分布排序算法

密度分布排序算法（Density Distribution Sort Algorithm，以下简称"DDSA 算法"）是根据人们日常生活中的活动范围分布得出的。上文已经指出，人们的活动范围都比较有限，私密区域和偏好区域周围是人们活动概率较高的区域。因此，统计潜在兴趣区域周围的签到对象情况，有助于帮助确定用户的个人兴趣区域。

DDSA 算法将潜在的兴趣区域对象之间的周围空间进行分割，将分割后空间中所包含的 KSTCM 对象的数量作为该空间的密度，密度值越高的空间所对应的兴趣区域对象排序顺序越高。该方法将潜在兴趣区域对象的空间矩形的中心点作为其周围空间分割的基础点，并采用 Voronoi 图的方法对空间进行分割。

DDSA 算法的伪代码如图 4-8 所示。

Algorithm Density Distribution Sort

Input:

    $S = \{R_{Ki},\dots,R_{Km}\}$: potential personal regions; $S' = \{R_{Ko},\dots,R_{Kn}\}$: set of all R_K;

Output:

    $S = \{R_{Kj},\dots,R_{Kl}\}$: sorted R_K set;

Algorithm:

    1: compute the Voronoi Graph based on each center point of R_{Ki};

    2: foreach VC(R_{Ki}) in VG do

3:　　if any R_{Kj} in S' intersects with VC(R_{Ki}) or contained by VC(R_{Ki}) then

4:　　　VC(R_{Ki}).count += Count(R_{Kj});

5: S.sort( );

6: return S;

图 4-8　DDSA 算法伪代码

图 4-9 显示了密度分布排序方法中的空间分割情况。图中黑色矩形为抽取出的潜在兴趣区域，灰色矩形为一般签到区域。可以看到，整个空间被划分为了三个 Voronoi 单元（以下简称"VC"）。对于每一个 VC，DDSA 算法将与它的最大内切圆在空间上存在包含或者相交关系的 KSTCM 对象计数作为该 Voronoi 单元对应的潜在兴趣区域的密度。

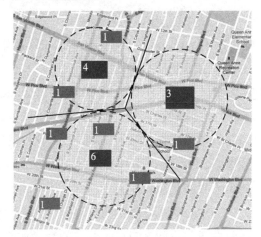

图 4-9　密度分布排序方法的空间分割

3. 信息熵过滤

在介绍广泛兴趣区域发现方法的时候，信息熵在其中扮演了重要的角色。而对于个人兴趣区域的发现而言，信息熵同样可以发挥作用。首先，用户的私密区域和偏好区域的信息熵的大小显然是不同的。通常来说，在偏好区域活动的用户数较多，则它的信息熵也会较大。相反，在私密区域可能只有用户的家人和朋友才会签到，所以信息熵会较低。

其次，从社交关系对签到活动的影响来看，用户的私密区域和偏好区域都会存在与用户好友进行签到的情况，但是这两种情况下的信息熵也会有所不同。由于偏好区域通常是一些较公共的区域，因此用户的好友在该类区域进行签到的次数也会较多，所对应的信息熵也会较大。而在私密区域和用户一起签到的好友，如果二者仅是朋友关系的话，其签到的次数可能较少，因而信息熵的值也会较小。

这里提出的两种类型的信息熵，分别称为公共信息熵和社交信息熵。公共信息熵和在广泛兴趣区域发现方法中的信息熵是同一个概念,在计算对应的信息熵值大小的时候将整个用户空间的数据集合作为信息空间。而社交信息熵则使用与用户存在社交关系的用户数据集合作为计算信息熵的信息空间。当公共信息熵和社交信息熵都处于 high 簇时,潜在兴趣区域被归为偏好区域,而当公共信息熵和社交信息熵都处于 low 簇时,潜在兴趣区域则被标记为私密区域。

综上,个人兴趣区域发现方法通过比较两种区域的公共信息熵和社交信息熵的方法对区域的类型进行判断和标记。

4. 个人兴趣区域发现方法

首先,个人兴趣区域的发现需要根据特定用户的签到次数,采用聚类算法将签到次数值较大簇中的区域对象 R_K 抽取出来,并分别采用签到规律排序和密度排序的方法对这些 R_K 对象进行排序。其次,对于这些 R_K 对象在空间维度上所涉及的网格单元分别计算公共信息熵和社交信息熵,并根据两种信息熵的分布情况,对相关的网格单元进行归类。最后,将私密区域和偏好区域排序最靠前的两个 R_K 对象所涉及的网格单元抽取出来,作为所发现的两种个人兴趣区域。

该方法的具体步骤描述如下:

Step 1. 对于用户 u,根据他所有的 R_K 对象的签到次数大小,使用 K 均值聚类算法,将其划分为 3 个簇,分别为 low 簇、medium 簇和 high 簇。

Step 2. 将划分为 high 簇的 R_K 对象集合提取出来作为潜在的兴趣区域集合。如果 high 簇中的集合大小小于等于 1,那么跳至步骤 5。

Step 3. 对于集合中任意两个 R_K 对象,使用 CRSA 算法进行排序。

Step 4. 同时对潜在的兴趣区域集合中的 R_K 对象采用 DDSA 算法进行排序。

Step 5. 对集合中 R_K 进行公共信息熵和社交信息熵的计算,根据两者的分布情况分别对网格单元进行类型标记。

Step 6. 将两种类型排序最靠前的区域对象抽取出来,作为发现的两种个人兴趣区域。

详细流程如图 4-10 所示。

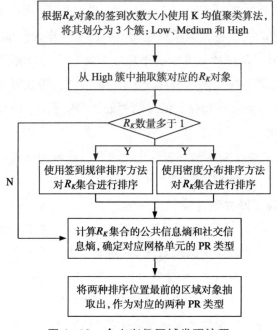

图 4-10　个人兴趣区域发现流程

4.5　实验分析

为了评估本书提出的广泛兴趣区域发现方法（HRDM）和个人兴趣区域发现方法（PRDM），本节将分别从两种方法的整体效率和发现的效果这两个方面对其进行实验分析。

4.5.1　实验环境和数据

实验电脑是一台戴尔 Optiplex 主机，其硬件配置包括 CPU Core 2 Duo 2.0GHz，RAM 3072MB。所有算法均采用 Java 编写，后台关系数据库系统为 Postgre8.4，GIS 数据库为 Postgis1.5。兴趣区域发现方法所使用的 K 均值聚类算法为经典算法，K 均值采用的种子大小为 100，最大迭代为 500。

4.5.2　整体性能

首先对广泛区域发现方法的运行性能进行评估。由于原始签到数据需要经过 KSTCM 建模，因此根据 KSTCM 模型的特点，K 值的大小显然会对整个算法的运行效率产生影响。本章设计的第一个实验将评估 KSTCM 模型的 K 值对广泛兴趣区域发现方法执行效率的影响，这里 K 值分别取 3、5、8 和 10 这四种情况，并针对洛杉矶市（经度范围大致为[−118.652344,−117.982178]，纬度范围大致为 [33.667211, 34.332096]）的广泛兴趣区域进行挖掘。实验结果如图 4-11 所示。

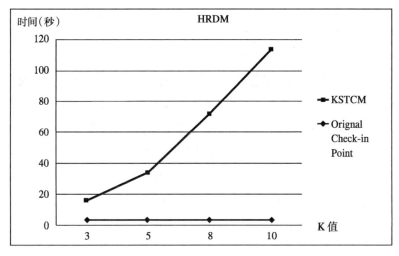

图 4-11 广泛兴趣区域发现方法执行时间

从上图可以看出，广泛兴趣区域发现方法的计算需要消耗的时间大致在 20 秒至 120 秒之间。K 值为 3 时，执行时间为 20 秒左右，而当 K 值为 10 时，执行时间也不到 120 秒。考虑到兴趣区域的发现对实时性要求较低，因此本书认为该执行效率可以接受。图中蓝色线表示使用原始签到活动的位置信息，并依据 HRDM 原理进行兴趣点抽取时的计算时间，大致在 3 秒左右。比较可以发现，由于 HRDM 是基于网格化区域的算法，需要对网格单元进行处理，所以计算所消耗的时间相比使用原始签到位置信息更多。表 4-2 显示了在 K 值不同的情况下，广泛兴趣区域发现方法所要处理的网格单元数，以及根据频率、用户计数和信息熵的值大小被归为 high 簇的数量。由表 4-2 可以发现，随着 K 值的增大，KSTCM 对象在空间维度上覆盖的区域面积也逐渐增大，算法所要处理的网格单元的数量也逐步增加，因而算法的执行时间也随之增加。

表 4-2 不同 K 值下所涉及计算的网格单元数，以及网格单元的签到频率、用户计数和信息熵经分类后在 high 簇中的计数

K 值	Frequency	UserCount	Entropy	Grid Cell
3	1351	2257	31727	148965
5	2745	4809	49808	221562
8	5365	5605	63628	262377
10	7575	7745	69869	283083

第二个实验将对个人兴趣区域发现方法的执行效率进行评估。对个人兴趣区域发现方法执行效率有影响的因素有两个：一个是用户的总签到计数；另一个是 KSTCM 模型 K 的取值。在实验数据集中，用户个人的总签到数范围从 1 至 2068 不等，因此为了计算个人兴趣区域发现方法在不同用户签到数计数情况下的执行时间，实验首先在签到计数分别为 100、300、500、1000 和 2000 左右的用户中随机选取 10 位，取最终结果的平均值作为最后的执行时间，实验结果如图 4-12 所示。

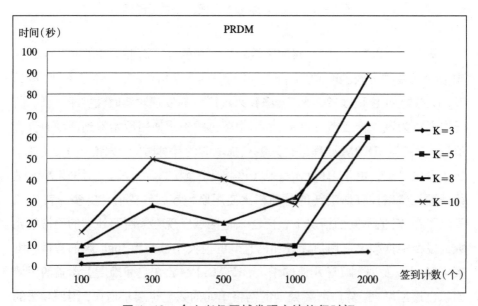

图 4-12 个人兴趣区域发现方法执行时间

从图 4-12 中可以看出，随着 K 值的增大，个人兴趣区域发现方法的执行时间也随之增加。这是因为当 K 值较大时，为了能够覆盖足够的其他签到点，KSTCM 签到对象在空间上的范围可能增大，导致需要计算的网格数量增多，所以计算时间会增加。从整体来看，K 值为 3 时，算法执行时间较短，在签到计数小于 500 时，时间都不超过 2 秒，而当计数大于 1000 时，时间不超过 10 秒。当 K 值为 5 时，在签到计数为 1000 以内的情况下，算法计算时间随签到计数的增加而平稳增加，但是当计数为 2000 时，执行时间则大幅增加，接近 K 值为 8 和 10 时的时间。出现这种情况，一方面可能是由于 KSTCM 对象的空间范围增大导致计算时间增加，另一方面也可能是由于签到积极的用户拥有的社交关系较多，因此在进行社交信息熵过滤时，需要更多的计算时间。算法在 K 值为 8 和 10 的情况下，计算时间也随着用户签到的计数增大而增加。另外，算法也显示了一些虽然签到计数增加，但是计算时间反而减少的情况，如当 K 值为 8 时，签到计数为 500 所需要的计算时间反而比计数为 300 时少，而同样情况在 K 值为其他取值时也有发生。造成这种反常现象的原因主要是由于不同用户的社交关系数量有所不同，而本书在评估算法效率时，采用的是随机选取用户的方法，因此可能存在偏差。

4.5.3 准确性

前面两个实验主要显示了两种兴趣区域发现方法的计算效率，下面将对这两种算法的发现效果进行评估，即对结果的准确性进行评判。第三个实验分别使用 KSTCM 对象和原始签到对象为数据集，对它们进行广泛兴趣区域的发现。其中，KSTCM 模型 K 值为 3。使用原始签到对象为数据集时，算法发现了 27 个频繁签到点。将二者进行对比后可以发现，使用本章提出的基于网格和 KSTCM 模型的广泛兴趣区域方法所抽取的兴趣区域，和使用原始签到点进行兴趣点发现的结果十分相似。如果也对后者使用 DBSCAN 算法进行聚类，则可以得到 19 个簇。如果仅从聚类后的区域的数量和簇的数量进行比较，两者间的相似度将高达 94.74%。

本章第四个实验将对个人兴趣区域发现方法的效果进行评估。对于个人兴趣区域的发现，如果用户的签到数量较少，那么就很难对这些区域进行抽取。因此，本实验从数据集中选取了 1 496 个用户，这些用户的签到次数都超过了100次，签到计数范围从100至2000不等。实验首先对个人兴趣区域发现方法在KSTCM模型不同K值的情况下，可发现私密区域和偏好区域的用户数进行测试，实验结果见表4-3。

表4-3 可发现私密区域和偏好区域的用户数和占比

K	Private Region	Perc.	Preference Region	Perc.
3	613	40.98%	1064	71.12%
5	439	29.34%	1075	71.86%
8	347	23.2%	1131	75.6%
10	299	19.99%	1137	76%

从表4-3可以看出，随着K值的增大，可发现私密区域的用户数量在减少，在K值为3的情况下，总计能够在1496个用户中抽取出613个用户的私密区域，占总数的41%左右；而当K值为10时，数量则下降到了299个，不及前者的一半。这也从侧面显示了，当KSTCM模型的K值增大时，它对用户的位置隐私的保护效率也会提高。和私密区域不同，可发现偏好区域的用户数随着K值的增大有增加的趋势。这可能是因为随着K值的增大，KSTCM模型在空间上覆盖的区域也增大，可能包含了更多的兴趣点，故而发现的偏好区域数也增加了。可以看到，超过70%的用户都能抽取出他们的偏好区域。

表4-4 在不同签到次数下可发现私密区域的用户数和占比

	100~300	Perc.	300~500	Perc.	500~1000	Perc.	1000~2000	Perc.
3	432	37.44%	92	45.77%	59	59%	29	63%
5	307	26.6%	61	30.35%	47	47%	24	52.17%
8	243	21.06%	45	22.39%	28	28%	21	45.65%
10	213	18.46%	39	19.4%	34	34%	14	30.43%

表4-4显示了不同签到次数对可发现私密区域的用户数的影响。实验将用户的签到计数划分为了4个区间，分别为100至300、300至500、500至1000和1000至2000，每个区间分别包含用户数量为1154、201、100和46。可以看到，随着用户签到计数的增加，可发现私密区域用户数量的比例

也随之增加。例如，在 K 值为 3 的情况下，当用户签到数为 100 至 300 时，仅有 37.44% 的用户被抽取出了私密区域；而在签到次数为 1000 至 2000 之间时，该比例则上升至 63%。

表 4-5 则显示了不同签到次数对可发现偏好区域的用户数的影响。从表中可以发现，和私密区域的情况类似，随着用户签到次数的增加，可发现偏好区域的用户数也普遍随之增加。

表 4-5　在不同签到次数下可发现偏好区域的用户数和占比

	100~300	Perc.	300~500	Perc.	500~1000	Perc.	1000~2000	Perc.
3	804	69.67%	151	75.12%	73	73%	36	78.26%
5	811	70.28%	141	70.14%	89	89%	41	89.13%
8	825	71.49%	177	88.59%	89	89%	40	86.96%
10	837	72.53%	172	85.57%	87	87%	41	89.13%

由于实验数据集没有用户自定义的签到兴趣点的标签，因而被抽取出的私密区域和偏好区域的正确性较难估计。为了验证本书提出的个人兴趣区域发现方法的效果，实验从四个签到次数区间内分别抽取了一个可以同时发现私密区域和偏好区域的用户，将个人兴趣区域和原始签到点位置通过谷歌地图的接口输出，以人工角度对这些区域的类型进行判别。虽然这种做法带有一定的主观性，但是也能在一定程度上反映抽取出的偏好区域的准确性。

4.6　小结

本章研究了采用 KSTCM 模型保护后的位置信息在 LBSNS 的兴趣区域发现方面的应用。本章定义了两种主要的兴趣区域：广泛兴趣区域和个人兴趣区域，并分别提出了相应的发现方法。对于广泛兴趣区域的发现，实验结果显示本章所提出的方法在 KSTCM 模型的 K 值较小的情况下具有非常好的效果，其抽取出的结果与采用原始签到点发现的兴趣区域基本吻合；而随着 K 值增大，所抽取出的区域数量也随之减少，每个区域的覆盖面积也增大，参考价值较低。

对于个人兴趣区域，本章将其细化为两类：私密区域和偏好区域。私密区域是用户最需要隐私保护的区域,如用户的居住区域;而偏好区域则是用户喜欢去的公共区域,如购物中心。实验结果显示,可抽取私密区域的用户数占用户总数的比例并不高,而且随着 KSTCM 模型 K 值的增大,该比例更会逐渐下降,这也从侧面反映了 KSTCM 模型对用户位置隐私的保护效果与 K 值关系密切。和私密区域相比,可抽取偏好区域的用户数占用户总数的比例较高,能够达到 70% 以上,并且受到 KSTCM 模型 K 值的影响较小。两种个人兴趣区域的抽取结果显示,被抽取的私密区域和偏好区域能够准确地反映出用户日常生活中的一些重要区域,因而为 LBSNS 个人化的服务提供了很好的支持。

  本章的研究结果表明了 KSTCM 模型在 LBSNS 的兴趣区域发现方面作用明显,既能够对用户的签到信息起到较好的保护作用,又能够发现 LBSNS 应用的兴趣区域。

第五章 基于位置隐私保护的LBSNS社交关系预测

5.1 概述

社交关系预测为社交网络中的"社交关系推荐"提供了重要的参考。传统的社交关系预测方法主要分为两种：一种是基于传统社交网络结构的，如"朋友的朋友可能也是我的朋友"。另一种是基于用户兴趣和偏好相似度的，如加入同一个话题组的两个用户，彼此之间在兴趣和偏好上存在交集，因此也有可能成为朋友。对于LBSNS中的社交关系预测，除了利用以上两种方法外，用户所分享的签到位置信息也成为了发现潜在社交关系的一种新的途径。在传统社交网络中，当用户发展新的社交圈时，这些新的朋友们往往仅存在于虚拟世界中。而在LBSNS中，由于它和用户日常的活动结合得更紧密，通过签到活动所发现的潜在社群更容易使这种社交关系从虚拟世界延伸至现实世界，从而建立更强的联系。

同传统的LBSNS的关系预测采用精确的签到数据不同，经过KSTCM模型泛化处理后的位置历史在时间和空间维度上都存在不确定性。为了研究采用KSTCM模型保护后的位置信息在LBSNS社交关系预测与用户签到活动之间关系的作用，在KSTCM模型和签到位置历史的基础上，本章提出了一种关于用户间共同签到关系的模型。该模型在时间和空间维度上分别设定了相应的阈值，以此判断两个KSTCM模型对象是否存在共同签到关系。同时，在该共同签到关系模型的基础上，本章列举了一些用户间在发生共同签到关系时存在的各种重要的上下文情景信息，并以它们作为特征属性，运用机器学习的理论方法，判断其与预测用户间是否存在社交关系。实验显示，KSTCM共同关系签到模型在发现用户社交关系上具有非常高的准确率，平均高达90%，从而证明了被保护的位置信息在对LBSNS社交关系的发现上同样具有非常好的效果。

5.2 相关工作

传统社交网络关系的预测模型主要基于对社交网络结构的分析。假设将社交网络用图$G=(V, E)$表示，常见的预测模型有以下三种：

（1）通用邻居（Common Neighbour，以下简称"CN"）：通过分析两个用户之间具有共同朋友的数量来预测二者之间是否存在社交关系，$CN(x, y)=|N(x)\cap N(y)|$，其中$N(x)=\{y|y\in V, (x, y)\in E\}$。

（2）阿达米克-阿达尔（Adamic-Adar，以下简称"AA"）模型：在CN方式的基础上，不通过共同朋友数量进行判断，而通过节点的度来衡量，$AA(x, y) = \sum_{z\in N(x)\cap N(y)} \frac{1}{\log|N(z)|}$。

（3）杰卡德（Jacard）系数：两个用户之间好友集合的交集与好友集合的并集的商，$J(x, y) = \frac{N(x)\cap N(y)}{N(x)\cup N(y)}$。

除了利用社交网络结构对用户之间的关系进行预测和推荐外，也有许多相关工作利用了用户间行为的相似性对社交关系进行预测，包括用户间兴趣爱好的相似性以及本章所讨论的用户间移动行为之间的相似性。

克兰肖等人研究了用户间共同位置（Co-location）关系、用户移动模式以及用户间社交关系之间的联系。他们将地图划分为若干个网格，每个网格长度约为30米，如果两个用户在同一个网格区域内相处有10分钟的时间间隔，则称用户之间存在一次共同位置关系。他们以访问地点的频率、用户访问的次数以及熵为基础，在共同位置关系和移动模式上分别抽取了60多种特征用作分析。实验结果表明，具有较高熵的位置存在用户间共同位置关系的可能性较大，并且喜欢访问熵较高位置的用户，其具有的社交关系的数量也多于喜欢访问熵较低位置的用户的数量。实验同时表明，存在许多在线上不存在朋友关系，而线下具有很高共同位置关系的用户。这证明了位置属性在用户关系推荐上具有相当的潜力。

和克兰肖等人的研究类似,克兰戴尔等人探索了用户间偶遇(Co-occurrence)与社交关系之间的联系。他们以 Flickr①应用为实验平台,将整个世界进行了网格化的划分,每个网格的大小约为 S×S(S 长度大约为 80km)。若两个 Flickr 用户在规定的时间阈内在同一个网格地点内拍摄了照片,那么他们就被认为有了一次时空上的偶遇。他们的实验结果显示,当一天内两个 Flickr 用户有至少一次偶遇时,他们互相之间认识的可能性大约为 60%,远远超过随机选取的两个用户之间认识的可能性。

萨迪莱克等人构建了一个基于推特数据集的、能够分析预测社交关系和位置的系统,称为 Flap(Friendship + Location Analysis and Prediction)。在对用户间的社交关系进行分析预测时,假设用户在发出一条微博后,会始终停留在该地点,直至用户发布另一条微博为止,同时,他们将微博内容的相似度和位置相似度作为预测社交关系的两个主要指标。实验显示,单独属性的相似度并不能很好地对社交关系进行预测,只有将不同的属性(如内容相似度、位置相似度以及社交网络结构)进行相互结合,才能得到比较好的结果。

赵思俊等人关注用户的移动模式对社交关系的影响,他们围绕用户出行目的地为朋友所在地的可能性、在新的地方结交新朋友的可能性以及二者对用户离家出行距离的影响等问题进行了研究探索。实验结果显示,用户日常的活动范围比较有限,短距离的出行所受到社交关系的影响较小,而长距离的出行则会更多地受到社交关系影响,出行的目的地大部分都是用户朋友所在的地点。他们的另一个发现是,用户通常具有很明显的移动规律,如工作日往往在家和工作场所这两个兴趣点之间移动,而休息日则倾向在家和社交驱动的兴趣点之间移动。

王达顺等人通过使用一系列的相关性的度量标准,如杰卡德系数和词频-逆文档频率(Term Frequency-Inverse Document Frequency,以下简称"TF-IDF")等对用户的轨迹信息和社交关系结构进行了相关性度量。研究表明,用户间的轨迹信息的相似度和用户间的社交关系之间存在很强的联系。同时,研究表明,通过结合移动模式和社交关系结构,能够对用户间的社交关

---

① Flickr 是雅虎旗下基于社会网络中人际关系的图片分享应用。

系做出较为精确的预测，准确率可以达到 70% 左右。这也从侧面证明了用户的移动模式和社交关系结构在新的社交关系推荐上起着非常重要的作用。

郑宇等人以用户的轨迹信息为基础，提出了一种基于层次化图的位置模型，并以此为基础提出了一种基于该位置模型的相似度度量方法（Hierarchical-graph-based Similarity Measurement，以下简称"HGSM"）。该方法从用户移动的序列属性、地理空间的层次属性以及位置被访问的热度这三个方面进行了考量。同时，他们也构建了一个推荐系统 GeoLife2.0，以 HGSM 作为相似度度量的标准，应用基于用户的协同过滤算法，为用户推荐潜在的社交关系以及兴趣点和兴趣区域。根据用户回馈，该系统相比基于项目的协同过滤算法以及随机推荐的系统，能够给用户提供更加具有吸引力和更加个性化的使用体验。

本书的研究工作同克兰肖和克兰戴尔等人的研究工作类似，但是与它们的不同点在于本书发现与预测 LBSNS 社交关系的基础数据是经过 KSTCM 模型保护后的用户签到活动的位置信息，其中存在大量的不确定性，因此无论是对共同关系的判断方式，还是对特征属性的抽取方法都是不同的。

5.3 共同签到关系模型

在给出如何利用 KSTCM 模型预测社交关系的方法前，本节将对相关的一些概念进行定义。

一方面，在日常生活中，具有社交关系的人们经常会在相似的时间段出现在相似的地点，如在某个饭店聚会的好友。另一方面，这种情况也经常出现在具有相似兴趣爱好和生活习惯的人们之间。实验显示，在 LBSNS 应用中大约有 10% 的签到活动是发生在这种情况下的。由此可得，这种在相似时间出现在相似地点的现象，在社交网络关系的预测上，尤其是在 LBSNS 应用的社交网络关系预测上，起着非常重要的作用。本章将 LBSNS 应用在时间和空间属性上具有高度相似性的若干个签到点，称它们之间具有共同签到关系，其定义如下：

定义 5.1 共同签到关系（Co-checkin Relationship） 对于任意两个签到位置信息对象 $cp_i = <u_i, t_i, <x_i, y_i>, lid_i>$ 和 $cp_j = <u_j, t_j, <x_j, y_j>,$

$lid_j>$,如果它们之间满足 $\|t_j-t_i\|\leq\varepsilon$,并且 $<x_i, y_i>=<x_j, y_j>$,那么称 cp_i 和 cp_j 之间存在共同签到关系,计算公式为

$$\forall cp_i, cp_j \in CP \exists cp_i. <x_i, y_i>=cp_j<x_j, y_j> \wedge \|cp_j.t_j-cp_i.t_i\|\leq\varepsilon$$
$$\rightarrow Cocheckin(cp_i, cp_j)$$

其中,CP 是签到点的集合,ε 是一个时间阈值。

根据定义 5.1 可知,两个签到位置信息对象之间如果存在共同签到关系,那么它们在空间上的位置点坐标是相同的。但是,当对签到位置信息对象集合进行 KSTCM 模型建模后,由于原签到点对象需要在时间和空间维度上进行泛化,因而无论是在时间上还是在空间上都会出现不同的情况。在时间维度上,建模前的时间属性是一个具体时间点对象,而建模后的时间属性则被表示为一个时间间隔对象。它们是两种不同的时间概念,两者之间的相似度度量也是不同的。在空间维度上,可能会出现建模前的空间属性相同,但是建模后的空间属性却不相同的情况,即原始坐标点相同,建模后的两个矩形区域不同的情况。因此,对于符合 KSTCM 模型要求的签到点对象(以下简称"KSTCM 对象")而言,它们之间的共同签到关系需要进行新的定义。

定义 5.2 基于 KSTCM 的共同签到关系(KSTCM-based Co-checkin Relationship) 对于任意两个 KSTCM 对象,它们在用户标识、时间维度和空间维度上的数据可以表示为 $K_i=<u_i,<t_i^-,t_i^+>,<x_i^-,y_i^->,<x_i^+,y_i^+>>$ 和 $K_j=<u_j,<t_j^-,t_j^+>,<x_j^-,y_j^->,<x_j^+,y_j^+>>$。其中,$<t^-,t^+>$ 表示一个时间间隔对象,$t^+>t^-$;$(<x^-,y^->,<x^+,y^+>)$ 表示 KSTCM 模型中矩形区域的左下角和右上角坐标。如果 K_i 和 K_j 在空间上满足 $\|<x_i^-,y_i^-> - <x_j^-,y_j^->\|\leq\varphi \wedge \|<x_i^+,y_i^+> - <x_j^+,y_j^+>\|\leq\varphi$,并且在时间上满足 $(<t_i^-,t_i^+> \cap <t_j^-,t_j^+>)\geq\varepsilon$,那么则称 K_i 和 K_j 之间存在基于 KSTCM 模型的共同签到关系,称 K_i 和 K_j 所对应的用户 u_i 和 u_j 之间发生了共同签到关系,表示为

$$\forall K_i, K_j \in K \|K_i.<x_i^-,y_i^-> - K_j.<x_j^-,y_j^->\|\leq\varphi \wedge \|K_i.<x_i^+,y_i^+> - K_j.<x_j^+,y_j^+>\|\leq\varphi \wedge (K_i.<t_i^-,t_i^+> \cap <t_j^-,t_j^+>)\geq\varepsilon \rightarrow Cocheckin(K_i, K_j)$$

其中,K 是 KSTCM 对象的集合;ε 是 K_i 和 K_j 中两个时间间隔对象之间重叠部分的阈值;φ 是距离阈值。

图 5-1 对基于 KSTCM 的共同签到关系进行了描述。K_i 和 K_j 在时空维度上分别用红色条纹矩形和黄色条纹矩形表示。假设它们之间存在共同签到关系，则根据定义 5.2，它们之间的时间重叠部分 $\Delta t \geq \varepsilon$，而它们在空间上的角顶点的距离 Δd 也会小于等于距离阈值 φ。

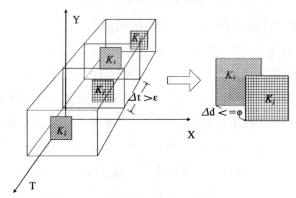

图 5-1 基于 KSTCM 的共同签到关系

此外，根据定义 5.1 和定义 3.2，可以得到以下定理和推论：

定理 5.1 如果 K_i 和 K_j 满足基于 KSTCM 模型的共同签到关系，且它们原始的签到坐标点相同，那么必存在 $\varphi \leq \theta$，且满足 $\varepsilon \leq 2\delta$。其中，θ 是 KSTCM 模型的距离阈值，δ 是 KSTCM 模型中的时间阈值。

(1) 证明：$\varphi \leq \theta$。由定义 3.2 可知，对于原始签到坐标点相同的两个 KSTCM 对象，它们对应的空间矩形区域必包含在以原始签到坐标点为中心，θ 为半径的圆形区域中。又因为该两个空间矩形区域都包含了签到坐标点，即矩形的任意一个角顶点至圆心的距离都小于或等于 θ，所以它们之间对应的角顶点之间的距离也必满足 $\varphi \leq \theta$。

(2) 证明：$\varepsilon \leq 2\delta$。由定义 3.2 可知，假设原始签到点的时间戳是 t，那么经过 KSTCM 模型建模后时间间隔对象 $<t^-, t^+>$ 必满足 $\| t-t^- \| \leq \delta \wedge \| t^+ - t \| \leq \delta$，即 $\| t^+ - t^- \| \leq 2\delta$。因此，对于任意两个时间间隔对象，它们之间重叠部分的时间间隔必满足 $\varepsilon \leq 2\delta$。

根据定理 5.1 的证明，也可以得到以下推论：

推论 5.1 如果 K_i 和 K_j 满足基于 KSTCM 模型的共同签到关系，并且它们原始的签到坐标点相同，那么 K_i 和 K_j 所对应的空间矩形区域必包含在以签到坐标点为原点，KSTCM 模型距离阈值 θ 为半径的圆形区域中。证略。

本节定义了基于 KSTCM 模型的共同签到关系，并给出了相关的定理和推论。可以看出,无论是距离阈值φ,还是时间间隔的重叠阈值ε,它们决定了两个 KSTCM 对象之间的共同签到关系的存在与否,因而会对社交关系的发现和预测产生影响。

5.4 共同签到关系的特征选取

共同签到关系的特征选取对于判断两个用户之间是否存在社交关系来说至关重要。理解发生共同签到关系时的各种重要特征,无疑有助于更好地发现和预测社交关系。在这一小节,本章将对用户之间发生共同签到关系时各种潜在的重要特征进行详细描述。

5.4.1 KSTCM 对象的频率和签到计数

位置的频率和签到计数是重要的两种特征。对于一个签到活动的地点,频率通常是指该地点被所有用户访问的总次数;签到计数是指该地点被某个特定用户访问的总次数。显然,频率越高,说明该地点越受到用户的欢迎;次数越高,说明该地点对该用户意义越重要。传统的统计方式很容易就能获得这两种数据,但是对于 KSTCM 对象来说,由于一个签到点已经和其他 K-1 个签到点混合在了一起,即一个 KSTCM 对象可能包含了多个签到点,所以传统的频率和次数的定义在这里并不适用。

定义 5.3 签到点的签到计数 对于一个用户 u_i,假设存在一个原始签到位置点 l,那么该位置 l 对于用户 u_i 的签到次数为用户 u_i 在任意时间在此签到的次数之和,记为 $Count(l_{ui})$。

定义 5.4 签到点的频率 对于一个签到位置点 l,它的频率为所有在该位置签到的用户的签到次数总和,记为 $Frequency(l)$,其计算公式为

$$Frequency(l) = \sum_{ui}^{U_l} Count(l_{ui}) \qquad (5-1)$$

其中,U_l 表示所有在签到位置点 l 进行签到的用户集合。

定义 5.5 KSTCM 对象的签到计数 对于一个用户 u_i,假设存在一个原始签到位置点 l,它所对应的 KSTCM 对象表示为 $K_l^{U_i}$。那么 $K_l^{U_i}$ 对于用户 u_i 的签到次数为用户 u_i 在 $K_l^{U_i}$ 任意时间签到的次数总和,表示为 $Count(K_l^{U_i})$。

定义 5.6　KSTCM 对象的签到频率　对用户 u_i 和其签到的一个 KSTCM 对象 $K_l^{U_i}$，$K_l^{U_i}$ 的频率 u_i 为 $K_l^{U_i}$ 在的签到次数 $Count(K_l^{U_i})$ 与其他所有在空间维度与之存在相交或相包含关系的 KSTCM 对象 $K_{l'}$ 的签到次数的之和，记为 $Frequency(K_l^{U_i})$，其计算公式为

$$Frequency(K_l^{U_i}) = Count(K_l^{U_i}) + \sum_{K_r}^{K} Count(K_{l'}) \tag{5-2}$$

由定义 5.6 可以看出，虽然 KSTCM 对象的频率无法反映出一个确定地点的受欢迎程度，但是它仍旧能够反映出一片区域的受欢迎程度，故而也具有一定的参考价值。

5.4.2　共同签到关系的次数

两个用户发生共同签到关系时，最基本也是最重要的特征就是发生的次数。次数越大，两人之间存在社交关系的可能性也越大。该特征被记为 $Count(u_i, u_j)$。除此之外，该次数占两个用户各自的总签到次数的比例也可能会随社交关系的不同而有所区别，因而也具有一定参考价值。例如，家人和同事间该比例可能较高，而普通朋友之间该比例可能相对较低。这两种特征分别记为 $Proportion(u_i)$ 和 $Proportion(u_j)$。

此外，两个用户可能在多个区域发生共同签到关系，因而可能有多种不同的 KSTCM 对象的组合（发生共同签到关系时的两个 KSTCM 对象集合为一种组合），组合的次数越多，说明用户间生活交集越大，具有社交关系的可能性也越大。这里将两个用户发生共同签到关系时，不同 KSTCM 对象组合的数目作为一个特征，记为 $Count(distinct_{K_i, K_j}^{u_i, u_j})$。另外，也将 KSTCM 对象间以 $(K_i^{u_i}, K_j^{u_j})$ 组合形式发生共同签到关系时的次数分别占两个对象的签到频率的比例作为两个特征值，其计算公式为

$$Proportion(K_i^{u_i}) := \frac{Count(K_i^{u_i}, K_j^{u_j})}{Frequency(K_i^{u_i})} \tag{5-3}$$

其中，$Count(K_i^{u_i}, K_j^{u_j})$ 表示两个用户 u_i 和 u_j 在共同签到组合 $(K_i^{u_i}, K_j^{u_j})$ 的签到计数。

5.4.3 时间

当两个用户发生共同签到关系时,时间特征在其中扮演着重要的角色。假设用 Δt 表示存在共同签到关系的两个 KSTCM 对象中时间间隔对象的交集,那么时间特征可以分为以下几种:

首先,每一天的时间分布。本书将每一天划分为上午、下午、晚上和午夜四段时间,分别将 Δt 落于每段时间内所发生的共同签到关系的次数作为一种特征值,即统计发生在上午、下午、晚上和午夜这四个时间段的共同签到关系的次数,记为 $Count(morning)$、$Count(afternoon)$、$Count(evening)$ 和 $Count(midnight)$。

其次,一周的时间分布。本书将一周时间划分为工作日和休息日,并将每一段时间发生的共同签到关系的次数作为特征值,分别记为 $Count(workday)$ 和 $Count(weekend)$。

最后,两个 KSTCM 对象的重叠时间也作为一个特征值,记为 $Overlap(K_i^{ui}, K_j^{uj})$。

5.4.4 KSTCM 对象信息熵

上文对信息熵的概念进行了描述,可以看出信息熵可以用来作为衡量一片区域重要程度的标准,在发现兴趣区域的问题上具有非常重要的作用。信息熵高的区域说明在此签到的不同用户多,它受欢迎的程度高;而信息熵低的区域则说明该区域仅被少数人集中访问。然而由于 KSTCM 模型的特殊性,每个 KSTCM 对象中可能包含多个原始签到点,这也为计算它们的信息熵带来了难度。为了得到 KSTCM 对象的信息熵,本章将引用网格信息熵的概念,将整个地理空间划分为若干个网格区域,对一个网格单元计算它的信息熵。对于一个 KSTCM 对象,它可能覆盖多个网格单元,而它的信息熵则被计算为这些网格单元信息熵的平均值。签到点的信息熵和 KSTCM 对象的信息熵的定义分别如下:

定义 5.7 签到点信息熵 对于一个签到位置点 l,假设 $P(l_{ui}) = \dfrac{Count(l_{ui})}{Frequency(l)}$ 表示用户 u_i 在该位置的签到概率,那么该位置点 l 的信息熵 $Entropy(l)$ 的计算公式为

$$Entropy(l) = -\sum_{u_i}^{U_l} P(l_{ui}) \log(P(l_{ui})) \qquad (5-4)$$

定义 5.8　KSTCM 对象的信息熵　对于用户 u_i 和他的一个 KSTCM 签到对象 K_i^{ui}，假设 K_i^{ui} 在空间上覆盖的空间网格单元集合为 $G=\{g_{i,j} | K_i^{ui} \cap_{spatial} g_{ij} \neq \emptyset\}$，对于其中任意一个网格单元 $g_{i,j}$，它的信息熵为 $Entropy(g_{ij})$，其计算公式为

$$Entropy(K_i^{ui}) := \frac{\sum_{g_{i,j}}^{G} Entropy(g_{i,j})}{|G|} \qquad (5-5)$$

5.4.5 区域的语义标记

当两个用户在不同区域发生共同签到关系时，区域的性质往往也会对他们之间是否存在社交关系产生影响。例如，两个用户在中央商业区发生共同签到关系的概率可能远大于发生在居住区的概率。但是发生在居住区的共同签到现象可能对发现社交关系更有意义，因为这种情况很有可能是好友之间的家庭聚会，而中央商业区则可能存在更多种可能性。由此可见，KSTCM 对象中空间矩形所处区域位置的语义标记也是重要的特征。

根据 3.5.2 小节指出的两种不同语义标记的泛化方式，本章将和区域语义标记相关的特征分为兴趣区域的语义标记枚举和兴趣点语义标记数两种特征，分别记为 $Enum(ROI\_A)$ 和 $Count(POI\_A)$。

5.4.6 社交网络结构

社会心理学家米尔格·兰姆曾提出"人际六度空间理论"，他认为世界上任何两个人之间的间隔人数不会超过六个。这种"我朋友的朋友也可能是我的朋友"的现象在社交网络中非常常见。同样在日常生活中，共同签到关系常常会发生在两个以上的人们之间，如好友聚会等。因此，当两个用户发生共同签到关系时，如果存在若干其他用户同时和他们发生共同关系，那么这两个用户之间存在社交关系的可能性就非常大。这里将两个用户发生共同签到关系时，和他们同时也发生共同签到关系的用户的数目也作为一个特征，记为 $Count(people_{K_i, K_j}^{u_i, u_j})$。

综上所述，本章一共整理了 19 种用户发生共同签到关系时的潜在特征，见表 5-1。

表 5-1 共同签到关系的特征列表

类别	特征项	描述
总揽	$Count(u_i, u_j)$ $Proportion(u_i)$ $Proportion(u_j)$ $Count(distinct_{K_i,K_j}^{ui,uj})$ $Proportion(K_i^{ui})$ $Proportion(K_j^{uj})$	用户 u_i 和 u_j 之间总的共同签到次数； 用户 u_i 和 u_j 之间共同签到次数占 u_i 签到次数的比例； 用户 u_i 和 u_j 之间共同签到次数占 u_j 签到次数的比例； 用户 u_i 和 u_j 发生共同签到时不同 KSTCM 对象组合的次数； 以 (K_i^{ui}, K_j^{uj}) 组合形式发生共同签到关系时的次数分别占两个对象的签到频率的比例
次数和频率	$Count(K_i^{ui})$ $Frequency(K_i^{ui})$	用户 u_i 在区域 K_i^{ui} 的签到次数； KSTCM 对象 K_i^{ui} 签到频率
时间	$Count(morning)$ $Count(afternoon)$ $Count(evening)$ $Count(midnight)$ $Count(workday)$ $Count(weekend)$ $Overlap(K_i^{ui}, K_j^{uj})$	发生在早上、下午、晚上和午夜的共同签到次数； 发生在工作日和休息日的共同签到次数； 重叠时间的大小
信息熵	$Entropy(K_i^{ui})$	KSTCM 对象 K_i^{ui} 的信息熵
语义标记	$Enum(ROI\_A)$ $Count(POI\_A)$	区域 K_l 包含的兴趣区域的语义标记的枚举值； 区域 K_l 包含的兴趣点的语义标记数目
社交结构	$Count(people_{K_l}^{ui,uj})$	和用户 u_i 与 u_j 同时发生签到关系的用户数目

5.5 基于 KSTCM 对象共同签到关系的社交关系预测

上文对两个用户之间发生共同签到关系时可能存在的上下文特征进行了列举和描述，本小节将以这些特征为基础，描述如何通过它们预测用户间的社交关系。其基本思想是，通过分析不同的 KSTCM 对象共同签到关系之下的上下文情景，提取相关的特征值，应用机器学习的理论方法，选取合适的分类器对数据集进行分类训练，以此找到最适合的潜在预测模型，从而为发现与预测用户间的社交关系提供支持。

5.5.1 数据集描述

实验的原始数据集是收集的Gowalla用户从2009年2月至2010年10月之间的签到数据集,共计6 442 890条数据。由于原始数据集中缺少兴趣点的类型信息,为了满足语义标记相关特征的需要,本章另外使用了一个美国加利福尼亚州的兴趣点数据集,共包含104 770条兴趣点记录以及63种兴趣点类型。同时,本书从原始数据集中筛选了在美国加利福尼亚州的所有签到数据,总计667 821条签到记录,包含15 039个用户和97 174条社交关系,将其作为最终的实验数据集。可以看到在该实验数据集中,任意两个用户之间存在社交关系的概率仅为0.08%左右。

5.5.2 实验分析

1. 共同签到关系准确率

本章设计的第一个实验分别显示了采用基于原始签到点的共同签到关系模型预测用户间社交关系的正确概率和采用纯粹的KSTCM签到关系模型预测用户间存在社交关系的正确概率,结果如图5-2和图5-3所示。从图5-2中可以看出,当两个用户在同一个地点进行签到活动时,所相差的时间越短,两个用户之间存在社交关系的概率越高。当两个签到点之间的时间间隔为10分钟时,两个用户是好友的概率高达49.34%,即当两个用户在不到10分钟的时间内在同一地点进行签到时,他们之间有接近一半的可能性存在社交关系。当时间间隔为20分钟时,概率则降低为了38.26%,而30分钟、40分钟和50分钟时的概率依次降低为32.07%、27.98%和25.04%。

图5-3则显示了采用纯粹的KSTCM签到关系模型预测用户间存在社交关系的正确概率,其中K值分别选取了3、5、10和20这四种不同的情况,距离阈值φ为500米,时间间隔的重叠阈值ε分别为10分钟至100分钟不等。对于KSTCM签到关系模型来说,当两个KSTCM对象在时间维度上重叠时间越大,则说明KSTCM对象对应的原始签到时间相差越小。可以看到,和原始签到点共同关系模型相似,随着两个KSTCM对象之间在时间维度上重叠时间的增加,两个用户之间存在社交关系的概率也基本呈逐渐增加趋势。此外,在重叠时间阈值相同的情况下,K值越大,用户间存在社交关系的概

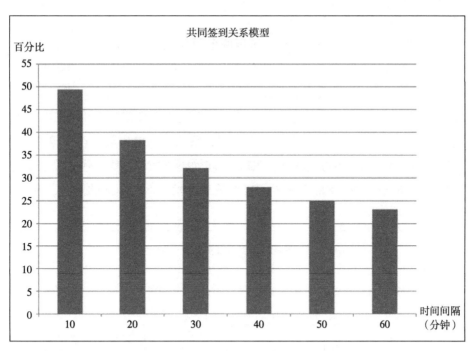

图 5-2 采用原始签到点的共同签到关系模型发现社交关系的正确率

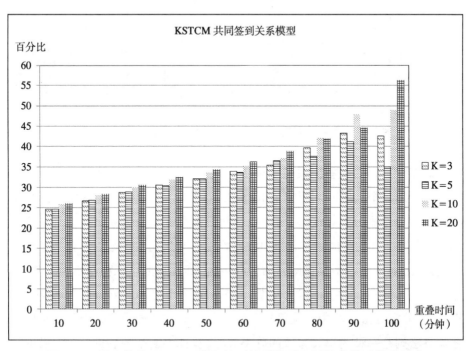

图 5-3 采用纯粹 KSTCM 共同签到关系模型预测社交关系的正确率

率反而更高。

虽然图 5-2 和图 5-3 都显示了当两个用户进行签到活动时，相隔时间越近，两者间存在社交关系的可能性越大，但是两种签到模型在本质上还是有所区别的。这种区别尤其在发现共同签到关系的数据数量上体现明显，如图 5-4 所示。可以看出，对于普通的共同签到关系模型来说，随着时间间隔范围的逐渐扩大，它所得到的存在共同关系的签到信息数量逐渐增多。而对于 KSTCM 共同签到关系模型，随着时间间隔阈值的增大，数据数量反而减少。因而这两种模型对于用户间社交关系的发现上是不同的。

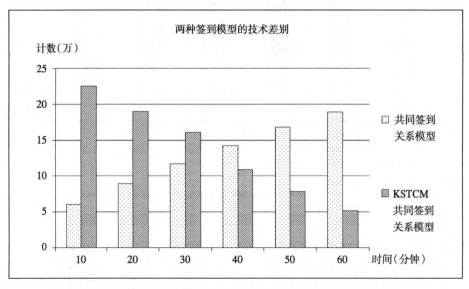

图 5-4 两种签到模型在不同时间阈值下获取的数据数量

2. KSTCM 共同签到关系准确率

本章第二个实验利用提出的 KSTCM 对象间共同签到关系的特征，使用经典的数据挖掘分类算法，对两个用户间是否存在社交关系进行分类判断和预测。事实上，关系预测问题可以被看作是一个二分类问题，即存在社交关系则归为 class=1，不存在则归为 class=0。实验选取了三种基本的分类器，分别是决策树（C4.5）、朴素贝叶斯（Naïve Bayes）和 AdaBoost（With Random Forest）分类方法。其中，决策树是经典的分类和预测模型；而朴素贝叶斯分类方法则是一种简单又有效的分类方法，在许多复杂的场景下也能够取得很好的分类效果；Adaboost 分类方法则是一种迭代算法，其核心思想是针对同一个训练集训练不同的分类器,即弱分类器,然后把这些弱分类器集合起来,构造一个更强的最终分类器。

图 5-5 显示了这三种分类器在 KSTCM 模型 K 值为 3,距离阈值为 500 米,时间阈值分别为 60、70、80、90 和 100 分钟这五种情况下的分类准确率。时间阈值从 60 至 100 分钟进行选择,主要是考虑到 KSTCM 模型的时间阈值默认为 1 小时,即对于绝大多数的两个 KSTCM 模型对象,它们在时间维度上的重叠不会超过 100 分钟。从图 5-5 可以看出,本章提出的基于 KSTCM 共同签到关系模型对用户间是否存在社交关系的判断准确性比较高,和通过原始签到关系进行判断的准确率不足 50% 相比,该分类模型的平均准确率高达 90%,从而显示了本章所提出的 KSTCM 共同签到关系模型以及相关的特征属性对判断社交关系具有非常好的效果。

同时实验表明,和原始签到模型随着时间重叠阈值的增加,存在社交关系的可能性也随之增加不同,本章提出的分类模型在时间阈值为 100 分钟时,准确率反而最低,平均仅在 80%;而当时间阈值为 60 分钟时,准确率则高达 95% 以上。分类的准确率随着时间阈值的增大,呈缓慢下降的

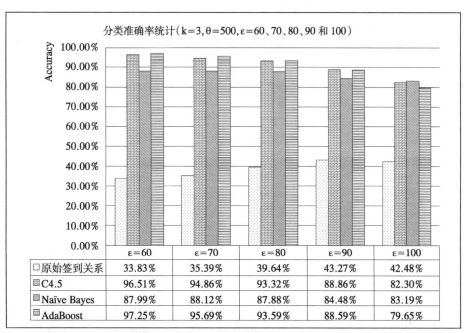

图 5-5 分类准确率统计(k=3, θ=500, ε=60、70、80、90 和 100)

趋势。究其原因，可能是因为当时间阈值较大时，本章提出的 KSTCM 共同签到关系模型可抽取的数据集数量较少，使得相关分类器在学习过程中缺少足够多的训练样本，从而导致分类准确率不高的现象发生。

除此之外，图 5-5 也显示了在三种分类器中，AdaBoost 具有较强的分类能力；决策树分类能力稍逊于 AdaBoost，但是其稳定性比 AdaBoost 更好。由于时间阈值增大时，相应的可供学习的数据集数量会减少，所以当时间阈值为 100 分钟时，决策树具有比 Adaboost 更加准确的分类能力。相较于决策树和 Adaboost，朴素贝叶斯分类器表现相对弱一点，但是也有高达 86% 的平均准确率。

表 5-2 混淆矩阵的表示方式

	Predicted class =0	Predicted class =1
Actual class=0	TN（True Neg.）	FP（False Pos.）
Actual class=1	FN（False Neg.）	TP（True Pos.）

假设两个用户之间不存在社交关系用 class=0 表示，而存在社交关系用 class=1 表示（表 5-2），那么上述分类过程中的查准率（Precision）和查全率（Recall）的计算公式分别为

$$\text{Precision} = \frac{TP}{TP=FP} \tag{5-6}$$

$$\text{Recall} = \frac{TP}{TP=FN} \tag{5-7}$$

表 5-3 显示了朴素贝叶斯、决策树和 AdaBoost 三种分类器在 KSTCM 共同签到关系模型的 k 值为 3，距离阈值为 500 米，时间阈值处于 60~100 分钟的情况下对应的查准率和查全率。

表 5-3 查准率和查全率

时间阈值	Prec. & Rec.	Naïve Bayes	C4.5	AdaBoost
$\varepsilon=60$	Precision	0.921	0.976	0.992
	Recall	0.705	0.92	0.926
$\varepsilon=70$	Precision	0.948	0.964	0.98
	Recall	0.703	0.888	0.897

续表

时间阈值	Prec. & Rec.	Naïve Bayes	C4.5	AdaBoost
$\varepsilon=80$	Precision	0.985	0.963	0.957
	Recall	0.705	0.865	0.878
$\varepsilon=90$	Precision	0.977	0.926	0.903
	Recall	0.656	0.807	0.825
$\varepsilon=100$	Precision	0.892	0.804	0.778
	Recall	0.688	0.771	0.729

表5-4则显示了本章提出的基于KSTCM共同签到关系的预测模型的准确率与传统基于社交网络结构的预测模型准确率进行比较的结果。

表5-4 传统基于社交网络结构的预测模型准确率

	CN	AA	Jacard 系数	KSTCM avg	KSTCM best3
C4.5	92.04%	92.1%	90.77%	90.95%	94.9%

从表5-4中可以看出，使用决策树分类器训练后的预测模型的平均正确率为90.95%，而其他三种传统模型的正确率分别是92.04%、92.1%和90.77%。虽然传统模型的正确率略高于基于KSTCM共同签到关系的预测模型，但是由于后者的正确率受到时间阈值和距离阈值等参数的影响，故而正确率差别较大。如果将后者在图5-5中由决策树训练得到的最佳的三个正确率取计算平均值，则该正确率上升为94.9%，高于其他三种传统模型的正确率。

3. K值对模型准确率的影响

因为本章讨论的位置信息是经过KSTCM模型保护后的签到位置信息，显然KSTCM模型K值的大小也有可能对预测模型的准确性产生影响。接下来的实验对K值大小对社交关系的影响进行评估。实验分别对K值为3、5、10、20四种情况，选取时间阈值为60、70、80、90和100分钟，距离阈值为500米，使用决策树模型进行分类准确率的测试，实验结果如图5-6所示。

从图5-6中可以看出，K值的变化并没有对模型的分类准确性产生明

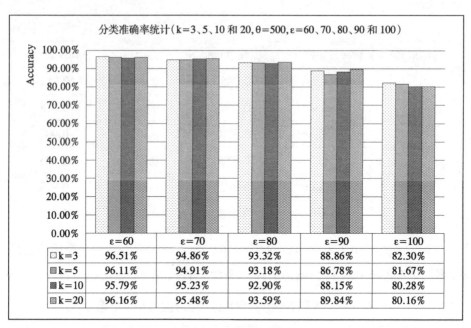

图 5-6 分类准确率统计

（k=3、5、10 和 20，θ=500，ε=60、70、80、90 和 100）

显的影响。在 K 值为 3、6、10 和 20 这四种情况下，当时间阈值区间为 60 分钟至 80 分钟时，模型分类的准确率都超过了 90%，具有非常高的准确性。而当时间阈值为 90 分钟和 100 分钟时，模型分类准确率也都超过了 80%。由此可见，K 值对模型分类准确性的影响较小。

4. 距离阈值与模型准确性影响

实验评估了 KSTCM 共同签到模型中的距离阈值对判断社交关系的影响。由于在上个实验中显示了 K 值大小对最终的准确率影响较小，因此这个实验选择对 K 值为 3，时间阈值为 60、70、80、90 和 100 分钟，距离阈值分别为 100、200、300、400 和 500 米这五种情况使用决策树模型进行测试，图 5-7 显示了实验结果。从图中可以看出，在时间阈值相同的情况下，距离阈值越小，发现社交关系的准确率就越低。特别是在距离阈值为 100 米、时间阈值为 100 分钟时，决策树模型由于缺乏足够的训练数据集，导致无法对该类情况下的社交关系进行判断。由此可见，训练样本数据的不足导致的分类器学习能力下降，是造成本章所提出的社交关系判断模型准确率不高的主要原因。

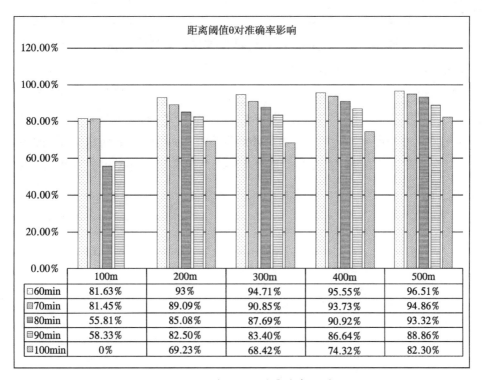

图 5-7　距离阈值θ对准确率影响

（K=3、θ=100、200、300、400 和 500，ε=60、70、80、90 和 100）

对上述实验结果进行分析可以得出，本章提出的 LBSNS 社交关系的预测模型在绝大多数情况下具有非常高的准确率。在所有可能影响准确率的因素中，KSTCM 模型的 K 值对模型的准确率影响较小，而时间阈值的影响最大，距离阈值的影响次之。时间阈值越大，模型对社交关系判断的准确率越低；距离阈值越小，准确率也越小。

5.6　小结

本章研究了被 KSTCM 模型保护的位置信息在基于位置的社交网络服务的社交关系预测中的应用。为了判断两个用户间是否存在社交关系，本章提出了一个基于 KSTCM 模型的共同签到关系模型，并通过抽取两个 KSTCM 对象在发生共同签到关系时的一些上下文情景信息作为特征属性，利用机器学习的理论和工具，建立预测社交关系的模型。实验结果显示了通过本章提出的方法和模型，能够准确地判断用户间是否存在社交关系，从而为 LBSNS 社交关系的推荐提供了支持。由此可见，被保护后的位置信息在 LBSNS 社交关系的发现问题上也能够发挥重要的作用。

通过第四章和第五章的研究不难发现，在 LBSNS 的兴趣区域和社交关系的发现问题上，KSTCM 模型并没有产生消极的影响，相反通过本书提出的相关方法和模型，同样也可以有效地发现有用的知识，故而从侧面证明了位置隐私保护和 LBSNS 服务质量二者并非不可兼得，而是可以寻找到合适的平衡点的。

第六章 基于位置隐私保护的多用户聚集时空查询问题

6.1 概述

从 LBSNS 被提出开始，它就与 LBS 服务密不可分，无论是签到活动，还是周边好友查询，它们都是 LBS 服务的具体应用。但是，普通的 LBS 时空查询都有一个共同点，就是查询者都仅为一个对象，而对于以下情景："几个好友之间计划下班后聚一聚，如何找到一家相距大家位置都比较近的饭店？"大家都束手无策。随着 LBSNS 的发展，多用户间的群组活动场景将越来越多，故而对能够支持多用户间的时空查询的需求也越显迫切。

本章将上述这种好友聚会场景称为多对象聚集问题（Multi-Object Convergence problem，以下简称"MOC"），它的显著特点是包含了多个查询者，且查询目标向一个被查询点聚集。对于多对象聚集问题，它对位置信息的处理显得尤为重要。一方面，位置信息是决定最终查询结果的首要因素。不仅查询者初始的位置很重要，而且由于查询者都处于移动状态下，位置不停改变也可能对最终结果产生影响。另一方面，位置信息的表现形式也很重要。虽然使用精确的点坐标可以更方便地返回最优的查询结果，但是它所暴露的隐私问题也同样不可忽视。本章将以该问题为场景，对采用 KSTCM 模型保护后的位置信息在实时时空查询中的应用进行讨论。

对于 LBSNS 实时时空查询问题，本章主要基于以下假设：对于前后相邻的两次位置更新，在后一次位置更新前，本章假设用户会始终停留在前一次的位置点。当用户需要使用 LBSNS 服务时，如果他不进行位置更新，那么查询的位置点将使用最近一次位置更新时的位置信息。用户的位置信息会通过上文提出的 ALUA 算法被匿名保护，被保护后的位置信息在空间上被泛化为一块空间区域。

针对多对象聚集问题，目前已有的算法都不支持位置信息为空间区域的形式。因此，本章提出了一种基于沃洛诺伊图（Voronoi diagram）的区域空间天际线（Skyline）查询算法（Voronoi-based Range Spatial Skyline Algorithm，以下简称"VRSSA"）。该算法将查询者的实际位置用采用 KSTCM 模型保护后的位置信息的空间对象（即一个矩形区域）进行表示，并利用 Voronoi 图和 Skyline 查询的特性，判断被查询者与查询者之间的关系，从而得到最后的候选结果集。因为本章主要讨论保护后的位置信息在实时查询中的应用，并且它在空间维度上主要用矩形区域形式表示，所以为了方便描述，本章将使用"区域位置"这个概念代表被保护后位置信息的空间矩形对象。此外，针对查询条件的动态改变，本章也提出了两种动态更新算法，分别是被查询对象动态新增算法（Dynamic Point Joining Algorithm，以下简称"DPJA"）和被查询对象动态删减算法（Dynamic Point Deleting Algorithm，以下简称"DPDA"）。在原有的结果上集中针对新的查询条件进行动态处理，从而可有效地减少重复计算的消耗。实验结果证明了两种算法都极大地提高了二次查询的效率。

6.2 相关工作

多对象聚集问题与机器人控制领域的多目标集合问题（Multi-object Rendezvous Problem）相似，它们的目标都是寻找一个地理空间上的集合地点，并且这个集合地点需要距离各个查询者都比较近。在机器人控制领域，该问题的解决方法是通过计算外心，从而得到这个集合点。而多对象聚集问题和多目标集合问题的主要区别是，多目标集合问题仅仅需要考虑查询者，而多对象聚集问题则需要同时考虑查询者与被查询对象。所以，简单的计算外心方法无法应用在多对象聚集问题上。

在时空数据库领域，帕帕迪亚斯等人提出了一种聚合最近查询算法（Aggregate Nearest Neighbor Algorithm，以下简称"ANN算法"），它可以找到一个被查询对象，该对象与各个查询者之间的距离总和最小。如果将这个距视为空间上的欧式距离,那么该算法能够寻找到一个与各个查询者之间距离总和最小的被查询对象。文龙耀等人的研究则将前者的 ANN 算法从空间欧式距离扩展到了基于道路网络的应用中。谢利夫扎达等人提出了另一种解决多对象聚集问题的方法,即空间天际线查询(Spatial Skyline Querys,以下简称"SSQs 查询")。他们运用 Skyline 算子,将被查询对象与每一个查询者之间的空间欧式距离作为一个比较维度,在所有维度上不被其他被查询对象控制的点组成最后的查询结果集。但是,无论是 ANN 算法,还是 SSQs 查询,它们提出的算法都是基于精确位置点的查询,并不适用于基于位置隐私保护的查询。

在不确定数据方面,有许多学者对查询者位置为区域形式的查询提出相关查询优化算法。基里亚科斯等人介绍了一种针对 LBSNS 道路网络查询的匿名与处理框架(Network-based Anonymization and Processing,以下简称"NAP"),框架中使用了位置 K 匿名模型对查询者的位置进行隐私建模,从而使查询者位置由点的形式扩展为矩形的形式。他们同时也提出了采用匿名后的区域位置进行 LBSNS 查询的算法。胡海波等人提出了一种基于区域的最近邻查询优化算法,它能够找到距离一个空间区域内所有点都最近邻的被查询对象。同时,为了提高算法的效率,他们也提出了一种树形索引结构。林欣等人在区域位置的基础上,提出了两种区域 Skyline 查询的算法,分别是基于索引的 I-SKY 算法和不基于索引的 N-SKY 算法。同时,针对连续查询的问题,他们也在上述算法的基础上,提出了相应的增量算法,从而减少了重复查询的消耗。

除此之外,同本章的工作相似,廉翔等人提出了寻找距离一组成员最近的被查询点的方法。他们将查询者的位置形式用一片圆形区域进行表示,通过空间剪枝和概率剪枝的方式缩小查询空间,以提高查询算法的效率。陈鹏等人针对多个查询者位置不确定性的情况,提出了找到他们最佳集结位置的算法。该算法没有规定被查询者的范围,即空间中任意一点都看作是被查询范围的一部分。但是,本书的工作和他们的主要区别在于:①本章研究的查询者位置是矩形区域,而他们研究的位置是圆形区域;②他们的查询结果为距离所有查询者最近的被查询对象,但是对于日常生活中存在群组成员集结的情况,并非与各个查询者距离最短才是最优的方案,反而时常会出现某几个查询者去往某个查询者附近进行集结的情况,而本章提出的区域

Skyline 算子则能够解决该问题；③Skyline 算子可以在多个维度对被查询对象进行比较筛选，而前人仅从空间这一个维度对被查询者维度进行了比较。

6.3 问题定义

6.3.1 多对象聚集问题

多对象聚集问题的目标是寻找到一系列这样的被查询对象的集合，它们与各个查询者之间的距离在一定规则下优于其他的被查询对象。规则是指在解决问题的过程中所采用的衡量被查询对象好坏的标准。例如，ANN 算法采用的规则是距离之和最小，SSQs 查询则采用比较被查询对象之间控制关系的方法。

多对象聚集问题一般由三个部分组成，一是查询者的集合，二是被查询对象的集合，两者共同构成了问题中的对象实体集合 S。三是解决方案的集合，它由所有可用于解决多对象聚集问题的函数组成，如 ANN 算法、SSQs 查询等。

定义 6.1 三元组 $MOC=\{Q, P, S\}$ 称为一个多对象聚集问题当且仅当满足以下条件：

（1） $Q=\{Q_1, Q_2,..., Q_n\}$ 是查询者的集合。

（2） $P=\{P_1, P_2,..., P_n\}$ 是被查询对象的集合，它们本身具有 N 个属性，如名称、类型等。

（3） $S=\{S_1, S_2,..., S_n\}$ 是应用的多对象聚集的查询算法集合。

6.3.2 基于区域的空间 Skyline 查询

Skyline 查询是一个典型的多目标优化的问题，它被广泛应用于多目标选取决策。空间 Skyline 查询将被查询对象与每一个查询者之间的空间欧式距离作为一个比较维度，在所有维度上不被其他被查询对象控制的点组成最后的查询结果集。假设查询者 q 在其所在的区域位置 Ω_q 中的任意位置的出现概率 $P(q)$ 是相等的，那么被查询对象与查询者之间的距离不是一个确定的值，而是介于 P_i 与 Ω_i 的最短距离 $MinDist(p_i, \Omega_i)$ 与最大距离 $MaxDist(p_i, \Omega_i)$ 之间（p_i 为某个被查询对象，Ω_i 是某个查询者所在的区域位置），本书将这个距离范围用 $Dist(p_i, \Omega_i)$ 表示。

定义 6.2 假设集合 $P=\{p_1,..., p_n\}$ 和集合 $\Omega=\{\Omega_1,..., \Omega_n\}$ 分别是空间

中的被查询对象集合和查询者所在的区域位置集合。现 P 中两点 p 和 p'，若对于 $\Omega_i \in \Omega$ 所有都存在 $Dist(p, \Omega_i) \leqslant Dist(p', \Omega_i)$，并且对于某些 $\Omega_j \in \Omega$，存在 $Dist(p, \Omega_i) \leqslant Dist(p', \Omega_i)$，则称 p 区域控制 p'（p range spatially dominates p'）。其表达形式为

$$\forall p' \in p, p' \neq p, \exists \Omega_i \in \Omega\ s.t.\ Dist(p, \Omega_i) \leqslant Dist(p', \Omega_i)$$
$$\rightarrow p\ range\ spatially\ dominate\ p'$$

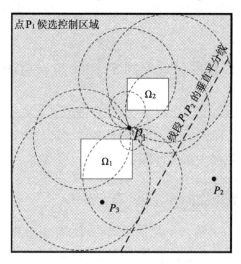

图 6-1　包含 2 个查询区域和 3 个被查询对象的空间区域 Skyline 查询

取某个查询者 q 所在的区域位置 Ω_q 中任意一点为中心，该点至某个被查询对象 p 的距离为半径，可以做一个圆。这样的圆对 p 可以有无数个，其他被查询对象 $p' \neq p$ 只要出现在任意这样的一个圆中，则 p 无法区域控制 p'，因为此时 p' 与查询者 q 的距离小于 p 与其的距离。图 6-1 中每一个虚线圆表示以查询者 q 在他所在的区域位置中可能出现的一个位置为中心，以这个位置与被查询点 p_1 之间的距离为半径的一个圆，被查询对象 p_3 在 p_1 所对应的某个圆中，所以不被区域控制。

对被查询对象 p，有一个可以覆盖 p 对应所有圆的最小外包矩形（Minimum Bounding Box，以下简称"MBB"），本书将这个矩形称为 p 的候选控制区域 [Candidate Dominating Range of p，以下简称"$CDR(p)$"]。虽然在这个矩形区域中，与其他点之间的区域控制关系需要进行判断，但是如果其他被查询点不属于该矩形，那么它一定被区域 p 控制。因此它可以有效帮助减少区域控制关系判断过程中的计算量。

定义 6.3 所有不被其他被查询点区域控制的点，它们所组成的点的集合称为空间区域 Skyline 超集（Superset of range spatial skyline，以下简称 "$SS(\Omega)$"）。

此定义使用超集是因为每一个区域位置都包含无数个点，其计算结果实际包含了除查询者实际位置外的无数个其他位置，所以结果集可以称之为一个超集。另外，对空间区域 Skyline 超集中的每一个点 p_i，它们的交集 $CDR(p_i) \bigcap\limits_{p_i \in SS(\Omega)}$，称之为候选区域（Candidate Range，以下简称 "CR"）。

6.4 基于 Voronoi 图的区域空间 Skyline 查询算法

上一小节对基于区域的空间 Skyline 查询进行了定义，本节将提出一种基于 Voronoi 图的空间区域 Skyline 查询算法，这种算法可以有效减少判断被查询点之间区域控制关系的计算量。

6.4.1 基于区域的空间 Skyline 查询算法

如图 6-1 所示，虽然 p_1 对应的虚线圆可以很好地判定 p_1 与 p_2、p_3 之间的区域控制关系，但是显然这种判断方法对计算的开销是非常大的。

另一种可以判断区域控制关系的方法是中垂线方法。如图 6-1 所示，虚直线 p_1p_2 表示被查询点 p_1 与 p_2 的中垂线，p_1 区域控制 p_2，并且查询者所在区域位置的集合 Ω 都和 p_1 在一边。由此可以得到以下定理：

定理 6.1 p 中两点 p 和 p'，它们之间的中垂线将空间 S 分割为两部分 S_p 和 $S_{p'}$。若对于所有的查询区域 $\Omega_i \in \Omega$，都存在 $\Omega_i \in S_p$，则 p 区域控制 p'（p range spatially dominates p'）。

证明：对 p 和 p' 做中垂线，中垂线将空间分为 S_p 和 $S_{p'}$，显然对于 S_p 中任意点 p_i，都有 $Dist(p, p_i) < Dist(p', p_i)$。同理，若对于所有 $\Omega_i \in \Omega$ 都在 S_p 中，在任何情况下都存在 $Dist(p, \Omega_i) < Dist(p', \Omega_i)$，所以 p 区域控制 p'。

通过定理 6.1 可以方便地得到一种最基础的基于区域的空间 Skyline 查询算法，该算法的思想是通过基于中垂线的区域控制的判断方法，被查询对象之间进行两两比较，找出第一个不被其他任意一点控制的点，将被它区域控制的点从计算数据集中删除，同时将它放入 $SS(\Omega)$ 中。接着，对计算数据集中剩余点依次进行判断，从而得到最后的结果集。

6.4.2 基于 Voronoi 图的空间区域 Skyline 查询算法

凸包与 Voronoi 图是计算几何中两个重要的知识，凸包指一个最小凸多边形，满足 Q 中所有的点或者在多边形边上或者在其内，Voronoi 图则和 Delaunay 图关系密切。在提出基于 Voronoi 图的空间区域 Skyline 查询算法之前，本节将首先提出并证明一些定理，这些定理在算法的一部分环节中起到了至关重要的作用，从而有效地提高了算法效率，减少了计算时间。

定理 6.2 对于所有 $\Omega_i \in \Omega$，离它最近的点 $p_i \in P$，它属于 $SS(\Omega)$。

证明：若 p 是 Ω_i 距离最近的点，则 Ω_i 中至少存在一点 q，使得 p 到 Ω_i 的距离最短。因为查询的结果集是一个超集，所以 p 至少在一种情况下是不会被其他被查询点所控制的。因此 $p \in SS(\Omega)$，得证。如果用 $NN(\Omega_i)$ 表示离查询区域 $\Omega_i \in \Omega$ 最近的点，则 $NN(\Omega_i) \in SS(\Omega)$。

结合定理 6.2 与可能控制区域 CDR，如果被查询对象 p 是距离某个查询者所在的区域位置 Ω_i 最近的点，那么 p 既属于 $SS(\Omega)$，又通过判断其他的被查询对象是否在它的 $CDR(p)$ 中，可以快速地删减被查询对象进行区域空间 Skyline 查询判断的次数。

定理 6.3 对于所有 $\Omega_i \in \Omega$，若它们形成的凸包（Convex Hull）为 $CH(\Omega)$，那么对于任何 $p_i \in P$，如果 p_i 在这个凸包内，则 $p_i \in SS(\Omega)$。

证明（反证法）：假设 $p \notin SS(\Omega)$，则必存在一点 $p' \in P$ 区域控制 P。根据定理 6.1 可知，若对 p 和 p' 做中垂线，则所有查询区域 $\Omega_i \in \Omega$ 都必位于 p' 所在的空间 $S_{p'}$ 内，因此 $CH(\Omega)$ 也应该在 $S_{p'}$ 内，这和已知条件 p 在 $CH(\Omega)$ 中矛盾，所以 $p \in SS(\Omega)$，得证。

定理 6.4 对于被查询点 $p_i \in P$，若它所在的 Voronoi 单元 $VC(p)$ 和查询区域集合 Ω 所在的凸包 $CH(\Omega)$ 有相交，则 $p \in SS(\Omega)$。

证明（反证法）：假设 $p \notin SS(\Omega)$，则必存在一点 $p' \in P$ 区域控制 P。同上可知，$CH(\Omega)$ 以及 $VC(p)$ 与 $CH(\Omega)$ 相交的区域必都在 pp' 的 p' 那一边，由 Voronoi 单元的定义可知，$VC(p)$ 必不可能在 p' 那一边，二者矛盾，故 $p \in SS(\Omega)$，得证。

与定理 6.2 相同，定理 6.3 与定理 6.4 也都起到了减少区域空间 Skyline 的判断次数的作用。

定理 6.5 与被查询者集合中各个原始签到位置点在空间上欧式距离总

和最小的被查询点 $p \in SS(\Omega)$。

证明：因为与被查询者集合中各个原始签到位置点在空间上欧式距离总和最小的被查询点必在包含这些原始签到位置点的最小外包圆的中心位置附近，若假设原始位置点被 KSTCM 模型建模后，所形成的区域位置集合为 Ω，那么 Ω 的最小外包圆必包含原始签到点的最小外包圆，而后者形成的最小外包圆的中心位置必位于凸包 $CH(\Omega)$ 内部，根据定理 6.3 可得该被查询点 $p \in SS(\Omega)$，得证。

由定理 6.5 可以看出，空间区域 Skyline 超集包含了与被查询者集合中各个原始签到位置点在空间上欧式距离总和最小的被查询点，因此如果对最终被查询出的兴趣点的位置有要求的话（如 ANN 算法的查询条件），本章提出的算法也能够将候选数据集缩小至符合该要求的范围。

接下来本节将给出基于 Voronoi 图的区域空间 Skyline 查询算法（以下简称"VRSSA 算法"），它的主要思想是通过结合定理 6.2、定理 6.3、定理 6.4 以及可能控制区域 CDR，减少不必要的关于区域控制关系的判断，从而有效地减少计算时间。VRSSA 算法首先计算包含所有查询者区域集合的凸包 $CH(\Omega)$，并从离查询者区域 Ω_1 最近的点 $p_i=NN(\Omega_1)$ 开始，将它的 Voronoi 邻居都找出，放入一个队列 Q。同时，维持两个列表即访问列表（Visited list）和提取列表（Extracted list）跟踪遍历过程，其中 Visited list 包含所有被访问过的点，Extracted list 中包含所有 Vornonoi 邻居节点都被访问过的点。接着，从队列 Q 中按顺序逐个取出 q_i 对它进行判断，判断方法包括定理 6.1、定理 6.3 和定理 6.4。如果该点不被其他点控制，则存入 $SS(\Omega)$。随后继续依次从队列中取出被查询点进行判断，直至得到最后的结果集 $SS(\Omega)$。VRSSA 算法的伪代码见图 6-2。

这里以图 6-3 为例解释算法的具体流程。图中有三个查询区域 Ω_1、Ω_2 和 Ω_3，VRSSA 算法首先计算它们所形成的凸包 $CH(\Omega)$（图中用粗虚线表示），并初始化三个数组 $SS(\Omega)$，Visited list 和 Extracted list 分别记录查询结果集、所有被访问过的点和 Vornonoi 邻居节点都被访问过的点。

接着，算法将距离 Ω_1 最近的点 p_1 放入一个空队列 Q 中，并计算它的 $CDR(p_1)$ 作为候选区域 CR（即图 6-3 中包含三个细虚线图形的矩形框区域）。依次检查 p_1 的所有 Vornonoi 邻居，如果该点在 CR 中，则将该点放入队列 Q 中，并将该点记录在 Visited list 中。可以看出，图 6-3 中 p_2、p_3、p_{14}

和 p_{15} 被放入了队列 Q 中，而 p_4 和 p_5 由于不在 CR 中，所以不被放入队列。p_1 被从队列 Q 中移出，放入结果集中 $SS(\Omega)$。

随后，算法从队列中找到 p_2，对它所有的 Vornonoi 邻居进行检查，并将位于备选区域内的所有点放入队列 Q 中，同时将 p_2 记录至 Extracted list 中。完成对 p_2 邻居的检查后，算法从队列 Q 中将 p_2 移出，对它进行区域控制的判断，因为 p_2 的 Voronoi 单元 $VC(p_2)$ 与凸包相交，根据定理 6.4 可知，p_2 属于结果集，将 p_2 记录至 $SS(\Omega)$ 中，并将 $CDR(p_2)$ 与原 CR 相交得到新的 CR。

VRSSA 算法依次执行上述流程，对队列中其他的点进行计算，从而得到最后的结果集 $SS(\Omega)$（图 6-2）。

Algorithm Voronoi-based Range Spatial Skyline
Input:
    $\Omega = \{\Omega_1, \ldots, \Omega_n\}$; //$\Omega_i$ represents the range location of user i
Output:
    $SS(\Omega)$;
Algorithm:
1: compute the convex hull $CH(\Omega)$;
2: set $SS(\Omega) = \{\}$
3: Queue $Q = \{NN(\Omega_1)\}$;
4: set Visited $= \{NN(\Omega_1)\}$; set Extracted $= \{\}$;
5: set $CR = CDR(NN(\Omega_1))$;
6: while Q is not empty
7:   q = first element of Q;
8:   if q $\in$ Extracted
9:     remove q from Q;
10:   if q is inside $CH(\Omega)$ or $VC(q)$ intersects with $CH(\Omega)$ or q is not dominated by $SS(\Omega)$
11:     add q to $SS(\Omega)$;
12:   if q dominates any point inside $SS(\Omega)$ such as q'
13:     remove q' from $SS(\Omega)$;
14:   set $CR = CR \cap CDR(p)$;

15:　　add q to Extracted;
16:　　if $SS(\Omega)=\Phi$ or a Voronoi neighbor of q is in $SS(\Omega)$
17:　　　　for each Voronoi neighbor of q such as q'
18:　　　　　　if q' ∈ Visited
19:　　　　　　　　discard q';
20:　　　　　　if q' is inside CR
21:　　　　　　　　add q' to Visited;
22:　　　　　　　　add q' to Q;
23:　　Return $SS(\Omega)$;

图 6-2　VRSSA 算法伪代码

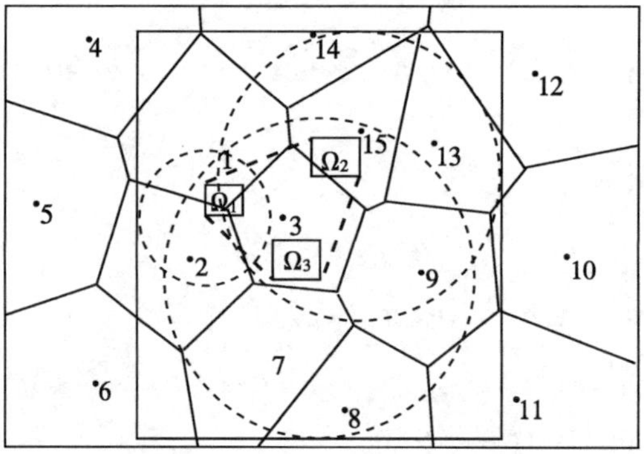

图 6-3　三个查询区域组成的凸包以及 15 个被查询对象组成的 Voronoi 图

表 6-1 描述了 VRSSA 算法对如图 6-3 所示例子的部分计算过程中队列 Q 包含元素的变化以及最终结果集 $SS(\Omega)$ 的变化。算法根据区域 Skyline 的判断原则，计算出了三个点 p_1、p_2、p_3 作为该查询的结果集，而查询者则可根据其他属性或者彼此喜好，做出最终的选择。

表 6-1　队列 Q 和 $SS(\Omega)$ 中变化

步　骤	队列 Q 中点	结果集 $SS(\Omega)$
1	p_1	Φ
2	$p_1, p_2, p_3, p_{14}, p_{15}$	Φ
4	$p_2, p_3, p_4, p_{15}, p_7$	p_1
6	$p_3, p_{14}, p_{15}, p_7, p_8, p_9$	p_1, p_2
……		p_1, p_2, p_3, p_{15}

6.5 动态更新算法

上一节提出了一种基于 Voronoi 图的空间区域 Skyline 算法，它可以快速地为查询者找到适合的候选聚集地集合。但是在实际查询的过程中，查询者经常会调整查询条件，因此被查询对象的数量也经常会随之改变。如果对于每一个新的查询条件，都进行一次新的计算，计算开销势必会增大。一个更加好的做法是，利用上一次的计算结果，根据新的查询条件，动态地更新结果集，这样做无疑能够大大减少计算开销，且得到更佳的性能。

以图 6-3 为例，假设所有被查询点都是餐馆，但是它们各自属于不同菜系，表 6-2 对它们进行了分类。假设第一次查询的对象是所有餐馆，即全部 15 个点，那么结果集如表 6-2 所示，是 p_1、p_2、p_3 和 p_{15}。如果查询者改变了查询条件，他们希望对所有是中餐馆的饭店进行查询，此时 p_3、p_4、p_6、p_8、p_{10} 和 p_{12} 都将从被查询对象中删除，查询仅仅对余下的点进行计算。已知在第一次查询中，p_3 区域控制了点 p_7 和 p_9，所以该两点没有进入最后的结果集。现在进行第二次查询，因为查询条件改变，所以 p_3 已经不是被查询对象。此时，p_7 和 p_9 已经不被其他任何点区域控制，所以新的查询结果集 $SS(\Omega)$ 将变为 p_1、p_2、p_7、p_9 和 p_{15}。和原结果集相比，新结果集因为 p_3 的移除，加入了原先被它区域控制的 p_7 和 p_9，其他在原结果集中的点并没有发生改变。

表 6-2 被查询餐馆的类型

数据点编号	对应类型
1, 2, 5, 7, 9, 11, 13, 14, 15	中　餐
3, 8, 10	西　餐
4, 6, 12	日本料理

因此，在新的查询条件下，如果被查询对象的数量减少，且原结果集中的点也随之减少了，那么可以通过计算比较减少的数据点所引起的影响，动态地更新结果集，而无须重新进行一次新的完整计算。同样，如果在新的查询条件下，被查询对象的数量增加，那么也可以通过计算比较新增的数据点

与原结果集中数据点之间的区域控制关系，得到新的结果集。本章将依次给出被查询对象数量增加与被查询对象数量减少时的两种动态更新算法。

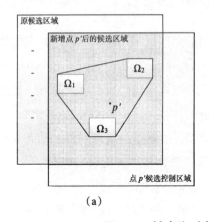
（a）

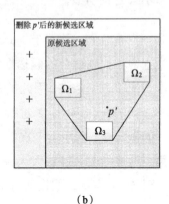
（b）

图6-4　被查询对象变化后的CR比较

（a）新增被查询对象p'；（b）删减被查询对象p'

6.5.1 被查询对象动态新增算法

被查询对象动态新增算法（Dynamic Point Joining Algorithm，以下简称"DPJA算法"）的思想是当有新增被查询对象时，如果新增数据点位于原结果集数据点形成的候选区域CR外时，该新增数据点对原结果集不构成影响，因为此时该新增数据点必被CR中某点区域控制。而当新增的数据点位于CR中时，它可能对原结果集产生影响。

以图6-4（a）为例，新增数据点为p'，它的可能控制区域为CDR（p'）与原数据集点形成的 CR 相交后得到一个新的候选区域（图中的阴影矩形框）。此时，若原结果集中有点不在新的 CR 中，即那些点在图中"-"号表示的区域内，那么这些点需要被删除，因为此时它们已经被p'区域控制。在新的 CR 的点也需要与 p'进行区域控制判断，由此得到更新后的结果集。DPJA算法的伪代码如图6-5所示。

Algorithm Dynamic Point Joining
Input：
　　$SS(\Omega)$: original result set; $P=\{p_1,p_2,\ldots,p_n\}$: set of adding points;
Output：

$SS(\Omega)'$;

Algorithm:

1: set $SS(\Omega)' = SS(\Omega)$;

2: for each adding point such as p' in P

3: if p' is outside the CR

4:   return $SS(\Omega)'$;

5: else

6:   compute the $CDR(p)$;

7:   if $CR \cap CDR(p) \neq CR$

8:    set $CR = CR \cap CDR(p)$;

9:    foreach $p_i \in SS(\Omega)$ such as p

10:    if p is not inside the CR or p is dominated by p'

11:     delete p from $SS(\Omega)'$

12:    else

13:     return $SS(\Omega)'$;

14: return $SS(\Omega)'$;

图 6-5　DPJA 算法伪代码

6.5.2 被查询对象动态删减算法

对于被查询对象删减的情况，如果减少的被查询对象不是原结果集中的数据点，新的查询结果与原结果集相同。反之，原结果集因为减少了该点，可能有新的被查询对象会加入新的结果集。在图 6-4（b）中，当被查询数据点 p' 被删除后，新的候选区域 CR 由原来的虚线框扩大为图中阴影矩形，而可能新加入结果集的数据点则一定位于"+"号表示的区域内。被查询对象动态删减算法（Dynamic Point Deleting Algorithm，以下简称"DPDA 算法"）首先计算删除数据点后，原结果集剩余数据点所形成的新的 CR，它与原 CR 的差为"+"号区域。如果其他被查询数据点位于该区域内，则与原结果集剩余的点进行区域控制判断，如果不被它们区域控制，则会被加入新的结果集。DPDA 算法伪代码如图 6-6 所示。

Algorithm Dynamic Point Deleting

Input: $SS(\Omega)$: original result set; $P=\{p_1, p_2, \ldots, p_n\}$: set of adding points;

Output: $SS(\Omega)'$;

Algorithm:

    1: set $SS(\Omega)' = SS(\Omega)$;
    2: foreach deleting point such as p' in P
    3:   if p' is outside the CR
    4:     return $SS(\Omega)'$;
    5:   else
    6:     set $CR' = CDR(p_i)$; //$p_i \in SS(\Omega)$
    7:     foreach rest $p_j \in SS(\Omega)$ such as P
    8:       compute $CDR(p)$;
    9:       set $CR' = CR' \cap CDR(p)$;
   10:    set $R = CR - CR$;
   11:    if $R > 0$
   12:      foreach point inside R such as p''
   13:       if p'' is not dominated by $SS(\Omega)$
   14:         add p'' to $SS(\Omega)$;
   15: return $SS(\Omega)'$;

图 6-6 DPDA 算法伪代码

6.6 实验分析

为了验证算法的有效性，本章进行了一些实验对比。首先在静态场景下，采用基于中垂线区域控制判断方法的朴素算法同 VRSSA 算法进行比较，主要比较两个方面的性能指标：①CPU 的处理时间；②需要进行区域 Skyline 控制关系检查的被查询点数量。随后，实验在动态新增被查询数据点和动态删除被查询数据点的两种情况下，将被查询对象的 DPJA 算法、DPDA 算法分别与 VRSSA 算法进行比较，主要衡量指标是 CPU 的处理时间。

6.6.1 实验环境和数据

实验采用的数据集是经过 KSTCM 模型建模后的 Gowalla 用户从 2009 年 2 月至 2010 年 10 月之间在加利福尼亚州的签到数据集，总计 408 524 条签到记录，包含 15 039 个用户。兴趣点数据集是美国加利福尼亚州的兴趣点数据集，共包含 104 770 条兴趣点记录，并对它们事先进行了狄洛尼三角分割。所有算法的代码均采用 C#进行编写，其中凸包计算使用了格拉汉姆扫描法，区域最邻近点使用 RangeNN 算法，所有实验都对算法进行了 100 次的计算，并取其平均值作为最后的对比数值结果。时空数据库为 Postgis1.5，实验的硬件环境为戴尔 Optiplex 主机，处理器为 Core 2 Duo 2.0GHz，内存为 3072MB。

6.6.2 整体性能

本章第一个实验使用 1 万条数据作为实验比较的数据量，分别在查询者数量为 3、4 和 5，K 值为 3、5、8、10 的情况下进行算法计算时间的比较（图 6-7）。可以看出，VRSSA 算法明显优于 Naïve 算法（即最基础的算法，以下简称"Naïve 算法"），在查询者数量为 3、4 和 5 时，其计算时间都几乎仅为后者的一半。这是因为 VRSSA 算法仅需要对所有被查询点中的一部分

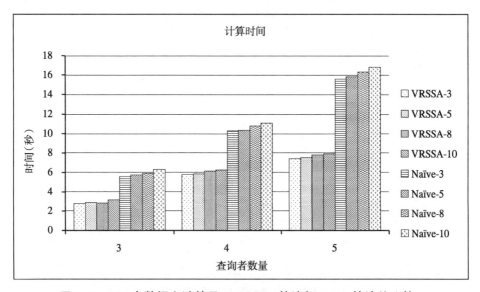

图 6-7　1 万个数据点计算量下 VRSSA 算法与 Naïve 算法的比较

进行区域 Skyline 控制关系的检查。图中显示了 K 值的变化对 VRSSA 算法和 Naïve 算法的整体性能影响较小。究其原因,一方面,因为影响 VRSSA 算法效率的因素主要是凸包的计算和被查询点的数量大小。当 K 值的变化较小时,其对于整个凸包覆盖面积大小的实际影响相对较小,并且对应的被查询点数量也不会有明显增加,故而对计算时间影响也较小。而另一方面,KSTCM 模型设有固定的空间阈值,故而也不可能出现区域对象非常大的情况。

图 6-8 显示了 VRSSA 算法在被查询点数据量为 1 万、2 万、5 万以及 K 值为 3 的情况下,对被查询点之间区域 Skyline 控制关系的检查数量。可以看出,当数据量为 1 万条时,VRSSA 算法仅仅对被查询点数据集中 1 千条左右的数据进行了区域 Skyline 控制关系的检查,即使查询者数量增加,其数量的增幅也非常小。同样,在数据量为 2 万条以及 5 万条时,需要进行区域 Skyline 控制检查的被查询点总体稳定在 15% 以下,并且也不随查询者数量的增加而发生大幅变化。与 Naïve 算法需要对所有被查询数据点进行一次遍历相比,VRSSA 算法在对数据点的访问量上明显占优势。这也是 VRSSA 算法计算效率比 Naïve 算法效率高的主要原因。

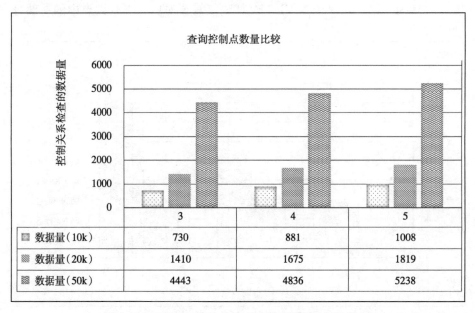

图 6-8 VRSSA 算法检查控制关系数据点的数量

由于前面的实验显示了 K 值对 VRSSA 算法整体效率影响较小，因此第二个实验选取 K 值为 3 和查询者数量为 3 的情况，分别对 1 万条、2 万条和 5 万条数据进行算法计算时间的分析（图 6-9）。显然，当计算大数据量时，VRSSA 算法也要明显好于 Naïve 算法，并且随着数据量的增加，优势变得更加明显。当数据量为 2 万时，VRSSA 算法的计算时间仅仅为 Naïve 算法的 40%；而当数据量增加为 5 万条时，Naïve 算法消耗的时间是前者的 3 倍以上。由此可见，VRSSA 算法在计算大数据量时，有着更高的效率。

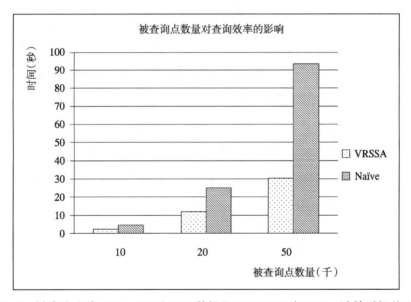

图 6-9 被查询点为 1 万、2 万和 5 万数据量下 VRSSA 与 Naïve 计算时间的比较

接下来的实验对两个动态更新算法——DPJA 算法和 VRSSA 算法的计算效率进行了评估。实验采用的基本被查询点数量是 1 万，并分别在此基础上新增 1 千条、2 千条和 3 千条数据进行 DPJA 算法和 VRSSA 算法的比较。

从图 6-10 中可以看到，在新增被查询对象的情况下，DPJA 算法不需要对凸包进行重新计算，并且查询是基于上一次的查询结果，所以它的效率要明显远远高于 VRSSA 算法，其计算时间所产生的开销甚至仅为 VRSSA 算法的十分之一。因此，如果被查询对象发生改变，使用 VRSSA 算法重新对变化后的数据进行计算显然是不明智的。而如果重新计算的开销包含对变化后数据的 Delaunay 进行三角分割，那么其开销更是巨大的。

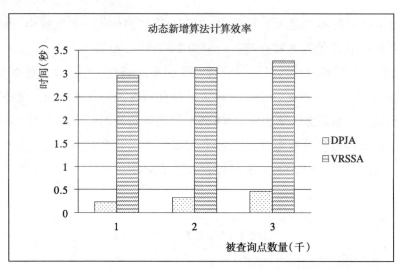

图 6-10　新增 1k、2k 和 3k 被查询数据时，DPJA 算法与重新采用 VASSA 算法的时间比较

图 6-11 显示了动态删减算法的计算效率。被查询兴趣点的数据量是 1 万条，并在此基础上随机删除 1 千条、2 千条和 3 千条数据进行 DPDA 算法和 VRSSA 算法的比较。可以看出，DPDA 算法同样优于 VRSSA 算法，其算法计算时间大约为 VRSSA 算法的四分之一。

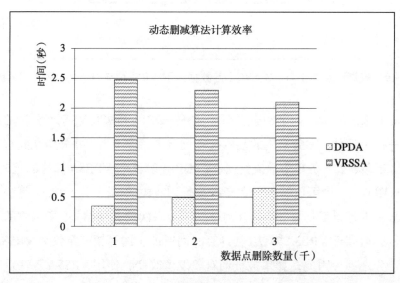

图 6-11　删除 1k、2k 和 3k 被查询数据时，DPDA 算法与重新采用 VASSA 算法的时间比较

通过以上实验结果可以看到，VRSSA 算法同朴素算法相比具有很高的效率。而本章后续提出的两种动态算法——DPJA 算法和 DPDA 算法也能够有效地减少重复计算的时间。在实际使用中，如果将被查询点的范围限定在一定区域内，那么 VRSSA 算法的效率将更高。

6.7 小结

随着未来 LBSNS 对支持群组活动的时空查询的需求增大，该领域的时空查询技术将会有更大的发展空间。研究新的群组活动场景，提出新的查询算法，提高已有的查询算法的效率，都必将是未来研究的热点。

本章提出并定义了一种多查询者聚集问题，泛指多个查询者期望在一定规则下寻找到一系列这样的数据对象，这些对象距离查询者的位置都比较合适。本章在采用 KSTCM 模型保护后的位置信息的基础上，提出了一种基于 Voronoi 图的区域空间 Skyline 查询算法——VRSSA 算法，为解决多查询者聚集问题提供了一种新的规则与参考。在设计算法的过程中，本章也提出并证明了一系列引理，展示了空间几何学在解决该类问题上的独特性。实验结果表明：VRSSA 算法相比采用朴素空间 Skyline 算子的算法，其效率提高了一倍。

另外，针对查询条件的改变而引起被查询对象数据量发生变化的情况，本章也提出了两类动态更新算法——DPJA 算法和 DPDA 算法，这两种算法能够有效避免重复计算量，减少 CPU 的计算负担，极大地提高二次查询的效率。实验结果也同时显示了被保护后的位置信息在 LBSNS 实时时空查询上也具有很好的应用价值。

后 记

1. 全书概览

　　随着计算机网络技术的不断发展,基于位置的移动社交网络服务在未来势必会有更大的发展空间,而位置隐私保护问题的重要性也越来越受到人们关注。无论产业界还是学术界,"如何在保护用户的位置隐私和为用户提供高质量的服务之间寻找到合适的平衡"都将是一个具有挑战性的课题。本书深刻剖析了基于位置的移动社交网络服务中的位置隐私问题,指出了对位置隐私的保护需要始终贯穿于位置信息在社交网络服务的整个生命周期内,并在此基础上提出了相关的位置隐私保护框架和改进的 K 匿名时空位置隐私保护模型。随后,本书研究了被保护的位置信息在基于位置的社交网络服务的知识发现领域中的应用效果,和针对兴趣区域的发现和社交关系的预测两个方面的内容,提出了相应的算法,证明了被保护的位置信息同样可以在基于位置的社交网络服务的知识发现中发挥重要的作用。另外,本书也针对一个基于位置的社交网络服务的多人群组活动的场景,研究了被保护的位置信息在实时时空查询中的应用。

　　本书在基于位置的社交网络服务的位置隐私保护领域所做的工作,主要包括以下几点:

　　(1) 针对基于位置的社交网络服务的位置隐私问题进行了系统化的分析,并在上述工作的基础上,针对位置信息在基于位置的社交网络服务各个层面中不同的应用,对不同的位置隐私保护措施的使用进行了细化,提出了一个通用的位置隐私保护框架。同时,以该框架为理论指导,本书在 K 匿名理论模型的基础上,针对基于位置的社交网络服务中的位置隐私保护的特点，提出了一个改进的 K 匿名时空位置隐私保护模型以及两种相应的构建算法。该模型弥补了传统位置匿名模型在对历史位置信息的隐私保护中所存在的不足，不仅保证了位置隐私的安全性，而且能够使被保护后的位置信息的质量达到最优。

（2）研究了保护后的位置信息在基于位置的社交网络服务的知识发现领域中的应用。针对基于位置的社交网络服务中的兴趣区域发现这一问题，本书针对两种类型的兴趣区域——广泛兴趣区域和个人兴趣区域，分别提出了基于网格化的广泛兴趣区域发现方法以及结合签到规律、密度分布和信息熵等特征的个人兴趣区域发现方法，为基于位置的社交网络服务的个性化服务提供了支持。对于基于位置的社交网络服务的社交关系预测问题，本书提出了一个基于 K 匿名时空位置隐私保护模型改进的用户共同签到关系模型，从分析用户之间发生共同签到关系时的各种上下文情景特征入手，给出了发现用户间社交关系的方法。本书通过上述两个方面的研究工作，证明了被保护的位置信息同样可以在基于位置的社交网络服务的知识发现领域发挥重要的作用。

（3）针对基于位置的社交网络服务的群组活动场景中的多个查询者聚集问题，提出了一种基于空间区域对象的实时时空查询优化算法。该算法充分利用了 Voronoi 图和 Skyline 查询在空间几何上的特点来判别被查询者与查询者之间的关系，从而可以快速地得到查询结果。同时，针对查询条件的动态改变，本书也提出了两种动态更新算法，有效减少了重复查询带来的计算消耗，极大地提高了二次查询效率。

2. 未来展望

对基于位置的社交网络服务的位置隐私进行保护是一项任重而道远的工作，未来随着移动互联网的发展以及具备定位功能的智能便携设备的大规模普及，基于位置的社交网络服务的形式必将会更加多样化，为用户所提供的服务内容也会更加丰富、更具个性，而与位置信息结合的方式也会变得更加复杂。可以说，位置隐私问题和基于位置的社交网络服务质量之间的矛盾将长期存在。基于目前基于位置的社交网络服务的发展现状，作者打算在以后的工作中，对以下几个方面进行进一步的研究：

（1）位置隐私保护中间件研究。虽然本书提出的基于位置的移动社交网络服务的位置隐私保护框架，可以对相关的隐私保护设计工作起到指导作用，但是在实际使用时，设计者的忽视或者应用不灵活等原因都可能对最后的保护效果产生影响。因此，作者打算设计并实现一套基于中间件技术的移动设备的位置隐私保护系统，通过屏蔽复杂的底层位置信息的获取与隐私模型的处理，为上层应用提供统一的接口，从而帮助基于位置的移动社交网络服务的开发者快速、灵活地实现位置信息的保护。

（2）轨迹信息的隐私模型研究。本书提出的改进 K 匿名时空位置隐私保护模型仅对一个位置点进行了保护，而轨迹信息则是一系列的时空位置点。虽然轨迹信息在目前基于位置的社交网络服务中的应用还不广泛，但是未来随着车联网和智能普适网络的发展，轨迹位置信息必将会在其中扮演重要的角色。考虑到轨迹信息能够清晰地反映用户的移动规律，从而更容易暴露用户的隐私，因此对于轨迹信息的保护，作者将对目前已有的相关理论方法进行研究，寻找可以扩展和改进的地方，从而满足轨迹信息在基于位置的移动社交网络服务中的隐私应用需求。

（3）保护后的位置信息在基于位置的移动社交网络服务的其他应用场景下的研究。本书研究了 KSTCM 模型保护后的位置信息在基于位置的移动社交网络服务的兴趣区域发现和社交关系预测上的应用。可以看出，位置信息在行程规划、活动推荐、移动模式识别和行为预测等诸多领域都有非常重要的作用。实施保护后的位置信息在这些领域的应用效果究竟如何？是否也能够保证相对的有效性和准确性？这也是未来值得我们探讨的研究方向。

科学探索路漫漫其修远兮，而本书的研究成果也只是阶段性的，对于基于位置的移动社交网络服务的位置隐私保护研究，需要以与时俱进、开拓创新的态度去迎接各种挑战。本人相信，未来基于位置的移动社交网络服务必能为用户营造出一个更加安全的使用环境。

参考文献

[1] Y J Chang, H H Liu, L D Chou, Y W Chen, H Y Shin. A general architecture of mobile social network services [C]. Gyeongju: IEEE, 2007: 151-156.

[2] M Arb, M Bader, M Kuhn and R Wattenhofer. VENETA: Serverless friend-of-friend detection in mobile social networking [C]. Avignon: IEEE, 2008: 184-189.

[3] B Markides and M Coetzee. BlueTrust in a real world [C]. Barcelona: IEEE, 2008: 440-445.

[4] Y Sun, T F L. Porta and P. Kermani. A Flexible Privacy-Enhanced Location-Based Services System Framework and Practice [J]. IEEE Transactions on Mobile Computing, 2009, 3 (8): 304-321.

[5] M L Damiani, E Bertino, C Silvestri. The PROBE Framework for the Personalized Cloaking of Private Locations [J]. In Transactions on Data Privacy, 2010: 3 (2): 91-121.

[6] G Danezis, Lewis S, Anderson R. How much is location privacy worth [J]. Cambridge: ACM, 2005: 1-13.

[7] M Prabaker, J Rao, I Fette, P Kelley, L Cranor, J Hong and N Sadeh. Understanding and capturingpeople's privacy policies in a mobile social networking application [C]. Innsbruck: Springer-Verlag, 2007: 1-14.

[8] S Consolvo, I E Smith, T Matthews, A LaMarca, J Tabert and P Powledge. Location disclosure to socialrelations: Why, when, & what people want to share [C]. Oregon: ACM, 2005: 81-90.

[9] G L Chen and F Rahman. Analying privacy designs of mobile social networking applications [C]. Shanghai: IEEE, 2008: 83-88.

[10] S Lederer, J Mankoff, A K Dey. Who wants to know what when? privacy preference determinants inubiquitous computing [C]. Fort Lauderdale: ACM, 2003: 724-725.

[11] D Ropeik and G. Gray. Risk: A Practical Guide for Deciding What's Really Safe and What's ReallyDangerous in the World Around You [M]. New York: Houghton Mifflin, 2002.

[12] Gruteser M, Grunwald D.Anonymous usage of location-based services through spatial and temporal cloaking [C]. International Conference on Mobile Systems, Applications, andServices(MobiSys'03), San Francisco USA, 2003: 163-168.

[13] H Hu, J Xu, S Tung On, J Du, J Kee-Yin Ng. Privacy-aware location data publishing [J]. In ACM Trans. Database Syst, 2010, 35:3.

[14] B Krishnamachari, G Ghinita, P Kalnis.Privacy-Preserving Publication of User Locations in the Proximity of Sensitive Sites [C]. In roceedings of the 20th international conference on Scientific and Statistical Database Management, SSDBM, 2008: 95-113.

[15] M E Nergiz, M Atzori, Y Saygin. Towards trajectory anonymization: A generalizationbased approach [J]. IEEE Transactions on Data Privacy, 2009, 2 (1): 47-75.

[16] O Abul, F Bonchi, M Nanni. Never walk alone: Uncertainty for anonymity in moving objects databases [C]. IEEE International Conference on Data Engineering, 2008.

[17] A H Weilenmann and P Leuchovius. I'm waiting where we met last time: exploring everyday positioning practices to inform design [C]. In Proc. NordiCHI, 2004.

[18] N Marmasse, C Schmandt. m Location-aware information delivery with commotion [C]. In Proc. HUC, 2000: 157-171.

[19] J Hightower, S Consolvo, A LaMarca, I Smith, J Hughes. Learning and Recognizing the Places We Go [C]. Ubicomp,2005.

[20] C Zhou, P Ludford, D Frankowski and L Terveen. An Experiment in Discovering Personally Meaningful Places from Location Data [C]. CHI, 2005.

[21] D Ashbrook and T Starner. Learning significant locations and predicting user movement with GPS [C]. IEEE Sixth International Symposium on Wearable Computing, 2002.

[22] C Zhou, D Frankowski, P Ludford, S Shekhar, and L Terveen. Discovering personal gazetteers: An interactive clustering approach [C]. ACM GIS, 2004.

[23] F Giannotti, M Nanni, F Pinelli, and D Pedreschi. Trajectory pattern mining [C]. KDD, 2007: 330-339.

[24] D Patterson, L Liao, D Fox, and H Kautz. Inferringhigh-level behavior from low-level sensors [C]. In Proc.UbiComp, 2003.

[25] L Liao, D Fox, and H Kautz. Location-based activity recognition using relational Markov networks [C]. International Joint Conferenceon Artificial Intelligence (IJCAI), 2005.

[26] J Froehlich, M Chen, I Smith and F Potter. Voting With Your Feet: An Investigative Study of the Relationship Between Place Visit Behavior and Preference [C]. Proceedings of UbiComp 2006, Orange County, CA, 2006: 17-21.

[27] J Cranshaw, E Toch, J Hong, A Kittur, N Sadeh. Bridging the Gap Between Physical Location and Online Social Networks [C]. Twelfth International Conference on Ubiquitous Computing. Ubicomp, 2010.

[28] D J Crandall, L Backstrom, D Cosley, S Suri, D Huttenlocher and J Kleinberg. Inferring socialties from geographic coincidences [C]. Proceedings of the National Academy of Sciences, 2010, 107 (52): 22436-22441.

[29] Adam Sadilek, Henry Kautz, Jeffrey P Bigham. Finding Your Friends and Following Them to Where You Are [C]. Fifth ACM International Conference on Web Search and Data Mining (WSDM 2012),2012.

[30] E Cho, S A Myers and J Leskovec. Friendship andmobility: User movement in location-based socialnetworks [C]. ACM SIGKDD International Conference on Knowledge Discovery and Data Mining (KDD), 2011.

[31] D Wang, D Pedreschi, C Song, F Giannotti and A L Barabási. Human mobility, social ties, and link prediction [C]. 17Th ACM SIGKDD Conference on Knowledge Discovery and Data Min- ing (KDD'11), 2011.

[32] Y Zheng, L Zhang, Z Ma, X Xie, and W Y Ma. Recommending friends

and locations based on individual location history［J］. ACM Transaction on the Web, ACM, 2011.

［33］Yu Zheng, Yukun Chen, Xing Xie, Wei-Ying Ma. GeoLife2.0: A Location-Based Social Networking Service［C］. In proceedings of International Conference on Mobile Data Management, IEEE press, 2009.

［34］Papadias D, Tao Y, Mouratidis K, Hui CK. Aggregate nearest neighbor queries in spatial databases［J］. ACM Transactionson Database Systems, 2005, 30 (2): 529-576.

［35］YIU ML, Mamoulis N, Papadias D. Aggregate nearest neighbor queries in road networks［J］. IEEE Transactions on Knowledge and Data Engineering, 2005, 17 (6): 820-833.

［36］Sharifzadeh M and Shahabi C. Proceedings of VLDB［C］. Seoul, 2006, 751-762.

［37］Kyriakos M, YIU ML. Anonymous query processing in road networks ［J］. IEEE Transactions on Knowledge and Data Engineering, 2010, 22 (1): 2-15.

［38］Hu H, Lee D L Range nearest-neighbor query［J］. IEEE Transactions on Knowledge and Data Engineering, 2006, 18 (1): 78-91.

［39］X Lin, J l Xu, H B Hu. Range-based Skyline queries in mobile environments ［J］.IEEE Transactions on Knowledge and Data Engineering, 2011, 23(11):1059-1072.

［40］Peng Chen, Junzhong Gu, Xin Lin, Rong Tan. A Probabilistic Approach for Rendezvous Decisions with Uncertain Data［J］. Journal of Computational Information Systems, 2011, 7 (13): 4668-4677.

［41］X Lian, L Chen. Probabilistic Group Nearest Neighbor Queries in Uncertain Databases［J］. TKDE, 2008, 20 (6): 809-824.

［42］霍明奎，朱莉，刘升. 用户信任和隐私顾虑对移动社交网络用户参与动机和参与度的影响研究：以新浪微博为例［J］. 情报科学，2017，35（12）：108-114.

［43］徐晓露. 移动社交网络用户隐私安全问题及保护研究［D］. 重庆大学，2015.

［44］兰晓霞. 移动社交网络信息披露意愿的实证研究：基于隐私计算

与信任的视角[J]. 现代情报, 2017, 37 (04): 82-86.

[45] 李延晖, 梁丽婷, 刘百灵. 移动社交用户的隐私信念与信息披露意愿的实证研究[J]. 情报理论与实践, 2016, 39 (06): 76-81.

[46] 彭滔, 钟文韬, 王国军, 等. 移动社交网络中面向隐私保护的精确好友匹配[J]. 通信学报, 2022, 43 (11): 90-103.

[47] 牛淑芬, 戈鹏, 宋蜜, 等. 移动社交网络中基于属性加密的隐私保护方案[J]. 电子与信息学报, 2023, 45 (03): 847-855.

[48] 谭振江, 马瑀浓, 姜楠, 等. 基于移动社交网络的位置隐私保护研究[J]. 吉林师范大学学报（自然科学版）, 2023, 44 (01): 123-131.

[49] 刘成业. 面向多层次结构的移动社交网络隐私保护方法[D]. 哈尔滨工程大学, 2024.

[50] 郑振青, 毋小省, 王辉, 等. 移动社交网络中的轨迹隐私PTPM保护方法[J]. 小型微型计算机系统, 2021, 42 (10): 2153-2160.

[51] 佟承蔚. 面向移动社交网络的位置隐私保护方法研究[D]. 北京邮电大学, 2024.

[52] 王雪婷, 孙晓雅. 基于移动社交网络的个人隐私泄露防范能力评价[J]. 现代信息科技, 2019, 3 (10): 144-147.

[53] 罗恩韬, 王国军, 刘琴, 等. 移动社交网络中矩阵混淆加密交友隐私保护策略[J]. 软件学报, 2019, 30 (12): 3798-3814.

[54] 李家春, 熊冬青, 曹建洲. 一种移动社交网络的协同定位隐私保护方法[J]. 华南理工大学学报（自然科学版）, 2019, 47 (02): 92-97+105.

[55] 杨业令. 面向社交网络用户属性与关系的隐私数据保护[J]. 信息系统工程, 2019 (01): 72.

[56] 张宁, 赵来娟, 何渊. 大数据环境下移动社交网络用户隐私问题研究[J]. 情报探索, 2019 (01): 14-17.

[57] 罗恩韬, 陈淑红, 王文博, 等. 移动社交网络多密钥混淆的交友隐私保护方案研究[J]. 电子学报, 2018, 46 (09): 2123-2130.

[58] 张学波, 张嘉懿, 李慧朋. 移动社交媒体用户隐私风险感知与保护策略[J]. 新闻世界, 2018 (03): 49-52.

[59] 李明珍. 位置社交网络中的隐私保护关键技术研究[D]. 北京邮电大学, 2024.

[60] 刘海, 李兴华, 雒彬, 等. 基于区块链的分布式 K 匿名位置隐私保护方案 [J]. 计算机学报, 2019, 42 (05): 942-960.

[61] 万盛, 李凤华, 牛犇, 等. 位置隐私保护技术研究进展 [J]. 通信学报, 2016, 37 (12): 124-141.

[62] 张青云, 张兴, 李万杰, 等. 基于 LBS 系统的位置轨迹隐私保护技术综述 [J]. 计算机应用研究, 2020, 37 (12): 3534-3544.

[63] 李维皓, 丁晟, 孟佳洁, 等. 基于位置服务中时空关联的隐私保护方案 [J]. 通信学报, 2018, 39 (05): 134-142.

[64] 李璐璐, 华佳烽, 万盛, 等. 基于高效信息缓存的位置隐私保护方案 [J]. 通信学报, 2017, 38 (06): 148-157.

[65] 康海燕, 朱万祥. 位置服务隐私保护 [J]. 山东大学学报 (理学版), 2018, 53 (11): 35-50.

[66] 于魁. 移动互联网用户行为的隐私保护数据挖掘研究 [D]. 北京邮电大学, 2022.

[67] 应作斌, 马建峰, 崔江涛. 支持位置验证和策略变更的属性加密方案 [J]. 西安电子科技大学学报, 2017, 44 (02): 57-62+190.

[68] 张学军, 桂小林, 冯志超, 等. 位置服务中的查询隐私度量框架研究 [J]. 西安交通大学学报, 2014, 48 (02): 8-13+37.

[69] 张树森, 梁循, 弭宝瞳, 等. 基于内容的社交网络用户身份识别方法 [J]. 计算机学报, 2019, 42 (08): 1739-1754.

[70] 廖国琼, 姜珊, 周志恒, 等. 基于位置社会网络的双重细粒度兴趣点推荐 [J]. 计算机研究与发展, 2017, 54 (11): 2600-2610.

[71] 周小平, 梁循, 赵吉超, 等. 面向社会网络融合的关联用户挖掘方法综述 [J]. 软件学报, 2017, 28 (06): 1565-1583.

[72] 李超, 殷丽华, 耿魁, 等. 面向移动社交网络内容分享的位置隐私保护方法 [J]. 通信学报, 2016, 37 (11): 31-41.

[73] 李宇溪, 周福才, 徐紫枫. 支持 K-近邻搜索的移动社交网络隐私保护方案 [J]. 计算机学报, 2021, 44 (07): 1481-1500.

[74] 彭长根, 丁红发, 朱义杰, 等. 隐私保护的信息熵模型及其度量方法 [J]. 软件学报, 2016, 27 (08): 1891-1903.

[75] 裴卓雄, 李兴华, 刘海, 等. LBS 隐私保护中基于查询范围的匿

名区构造方案[J]. 通信学报, 2017, 38（09）: 125-132.

[76] 张继东, 蔡雪. 基于用户行为感知的移动社交网络信息服务持续使用意愿研究[J]. 现代情报, 2019, 39（01）: 70-77.

[77] 夏兴有, 白志宏, 李婕, 等. 基于假位置和Stackelberg博弈的位置匿名算法[J]. 计算机学报, 2019, 42（10）: 2216-2232.

[78] 李琪, 王璐瑶, 乔志林. 隐私计算与社会资本对移动社交用户自我披露意愿的影响研究: 基于微信与微博的比较分析[J]. 情报杂志, 2018, 37（05）: 169-175.

[79] 张敏, 朱溢辉, 邵欣, 等. 在线位置服务中用户位置隐私保护行为之影响因素及未来治理启示[J]. 现代情报, 2021, 41（08）: 53-65.

[80] 丁婷婷, 陈家明, 方贤进, 等. 位置隐私泄露的一种度量方法[J]. 安徽理工大学学报（自然科学版）, 2019, 39（04）: 60-65.

[81] 张晶, 李传文. 一种基于安全索引的位置隐私保护方法[J]. 东北大学学报（自然科学版）, 2022, 43（12）: 1702-1708.

[82] 刘振鹏, 苗德威, 刘倩楠, 等. K匿名下通过本地差分隐私实现位置隐私保护[J]. 计算机应用研究, 2022, 39（08）: 2469-2473.

[83] 晏燕, 丛一鸣, 等. 基于深度学习的位置大数据统计发布与隐私保护方法[J]. 通信学报, 2022, 43（01）: 203-216.

[84] 王洁, 王春茹, 马建峰, 等. 基于位置语义和查询概率的假位置选择算法[J]. 通信学报, 2020, 41（03）: 53-61.

[85] 左开中, 刘蕊, 赵俊, 等. 融合语义信息的时空关联位置隐私保护方法[J]. 西安电子科技大学学报, 2022, 49（01）: 67-77.

[86] 宋成, 金彤, 倪水平, 等. 一种面向移动终端的K匿名位置隐私保护方案[J]. 西安电子科技大学学报, 2021, 48（03）: 138-145.

[87] 杜刚, 张磊, 马春光, 等. 基于属性基隐私信息检索的位置隐私保护方法[J]. 哈尔滨工程大学学报, 2021, 42（05）: 680-686.